はじめに

　介護保険が創設されてから 20 年余りが経過しましたが、その間、介護保険は介護や認知症の社会化を大きく推進するなど社会を変革するとともに、社会や経済等の変化に対応して幾多の制度改正を行ってきました。

　事業所の管理者は、都度、限られた時間の中で制度改正の内容を隅々まで把握したうえで新たな方針を定め、事業の展開を図っていくことが不可欠となっています。管理者の理解不足は、事業所の収益に大きな影響を及ぼしてしまうため、「知りませんでした」は決して通用しないのです。

　今回の改正では、新型コロナなどの感染症の感染拡大や、地震や集中豪雨などの大規模災害等によって日常生活が一変するような事態となっても、必要なサービスを安定的・継続的に提供していくための事業所の体制づくりや、研修・訓練等の取り組みに関して新たな規定が設けられました。

　また、科学的な介護関連のデータの評価とサービスの質の評価をさらに推進し、リハビリテーションや機能訓練、口腔・栄養ケアを連携して進めていくために必要な事業所の取り組みが位置づけられました。

　一方、介護人材不足は引き続き厳しい状況にあり、介護職員の更なる処遇改善に向けた環境整備や、介護職員のやりがい・定着にもつながる職場環境の改善に向けた取り組みが推進されることとなります。

　本書はこのような介護保険制度や介護報酬の改正のポイントを分かりやすく解説し、多忙な管理者にとって効率的に短時間で理解できる内容となっています。管理者は、まずは自身が確実に内容を把握し、必要に応じて専門職や職員に情報を共有しながら、目指すべき事業所運営の実現を図っていくことができると思います。

　また、管理者以外の専門職で、制度の理解不足により事業所に大きな不利益を及ぼしてしまった場合、個人責任を問われることも少なくないのが現状です。このため、改正内容をしっかりと理解したうえで日常業務に取り組んでいくことが必要です。

2021 年 4 月

一般社団法人日本ケアマネジメント学会副理事長

認定ケアマネジャーの会顧問　白 木 裕 子

JN073695

3

Contents

第❶章

何が変わる？
改正の重要ポイントを理解しよう

第❷章

どんな準備が必要？
サービス種別ごとの改正のポイント

1　居宅サービス

第❸章

2021（令和3）年度 介護報酬改定の概要と単位表

　本書で紹介する介護給付費単位数、算定要件等は、2021年1月18日に開催された第199回社会保障審議会介護給付費分科会資料に基づくものです。

●執筆者一覧（敬称略・掲載順）

白木裕子
　株式会社フジケア代表取締役社長／一般社団法人日本ケアマネジメント学会副理事長／認定ケアマネジャーの会顧問
　▎はじめに、1章 2021（令和3）年改正で変わること―目的と改正の背景―／ケアマネ・訪問看護師が知っておきたい新型コロナウイルスの影響、2章 共通項目／居宅介護支援／通所介護・地域密着型通所介護／小規模多機能型居宅介護／認知症対応型共同生活介護（認知症グループホーム）／認知症対応型通所介護

尾崎由美子
　華笑クリニック 医療ソーシャルワーカー／認定ケアマネジャー
　▎1章 2 ケアマネ・訪問看護師が知っておきたい診療報酬改定の影響

奥田龍人
　一般社団法人北海道ケアマネジメントサポートリンク理事長／一般社団法人日本ケアマネジメント学会理事
　▎1章 4 改正の論点・焦点を大解剖、2章 訪問介護／訪問看護／定期巡回・随時対応型訪問介護看護／看護小規模多機能型居宅介護

稲冨武志
　特定医療法人起生会 大原病院事務局長／認定ケアマネジャー
　▎2章 通所・訪問リハビリ／介護老人保健施設／介護医療院・介護療養型医療施設

冨田洋介
　株式会社RL 代表取締役社長
　社会福祉士／認定ケアマネジャー／主任介護支援専門員
　▎2章 短期入所生活介護／介護老人福祉施設（特別養護老人ホーム）

大島一樹
　医療法人渓仁会 定山渓病院 在宅ケアセンター所長／認定ケアマネジャーの会理事
　▎2章 短期入所療養介護／介護老人保健施設

永沼明美
　株式会社ハビタット 光が丘訪問看護ステーション居宅介護支援事業所　管理者／認定ケアマネジャーの会理事
　▎2章 福祉用具貸与・特定福祉用具販売

認定ケアマネジャーの会とは

認定ケアマネジャーとは、2004年に一般社団法人日本ケアマネジメント学会が、ケアマネジャーの資質向上を目的に創設した「日本ケアマネジメント学会認定ケアマネジャー制度」に基づく資格取得者のこと。認定ケアマネジャーの会は、資格登録をした認定ケアマネジャーに対し、質の高いケアマネジメント技術を取得するための自己研鑽が可能となる場を提供し、ケアマネジャーに対する支援・指導ができる人材育成を目的として2006年に設立された。2021年2月現在、会員数は1010名。

第 1 章

何が変わる？
改正の重要ポイントを
理解しよう

2021（令和3）年改定で変わること
―目的と改正の背景―

◉ 感染症や災害への対応力強化

　2020（令和2）年の幕開けとともに、わが国でも感染が拡大してきた新型コロナウイルス感染症（COVID-19）は、私たちの働き方や経済活動を含め、生活全般をまさに一変させました。

　国においては医療・公衆衛生と経済が両立しうる範囲で、十分に制御可能なレベルに感染を抑制し、死亡者・重症者数を最少化することと、感染レベルをなるべく早期に減少に転じさせることを目的に、さまざまな措置が講じられているところです。

　こうした中、介護サービスの提供に当たっては、介護サービス事業所等の人員、施設・設備および運営基準等の臨時的な取り扱いが示されており、特例を活用した柔軟なサービス提供についても検討するよう示されています。

　今回の報酬改定では、コロナ禍において介護サービス事業所の事業を安定的に継続していくため、新型コロナウイルス感染症をはじめとする感染症への対応力を強化し、感染症対策を徹底しながら、地域において必要なサービスを継続的に提供していく体制を確保するための計画づくりや研修・訓練等の取り組みを、各事業所において実行することが義務化されます。

　また、近年、さまざまな地域で地震や台風、集中豪雨などの大規模な災害が発生し、地域の交通手段が寸断し復旧までに大幅な時間を要することなどから、介護事業の運営にも大きな影響が及ぶことが多くみられます。

　このため、日頃から災害への対応力を強化し、災害発生時には避難を含めた適切な対応を行い、復旧するまでの間も含めて利用者に必要なサービスを提供していく体制を確保するための計画づくりや研修・訓練等の取り組みを、各事業所において実行することも感染症対策と同様に義務化されることとなります(図1)。

図 1 ● 2021（令和 3）年度介護報酬改定の概要

新型コロナウイルス感染症や大規模災害が発生する中で「感染症や災害への対応力強化」を図るとともに、団塊の世代の全てが75歳以上となる2025年に向けて、2040年も見据えながら、「地域包括ケアシステムの推進」、「自立支援・重度化防止の取り組みの推進」、「介護人材の確保・介護現場の革新」、「制度の安定性・持続可能性の確保」を図る。

1	感染症や災害への対応力強化	感染症や災害が発生した場合であっても、利用者に必要なサービスが安定的・継続的に提供される体制を構築
2	地域包括ケアシステムの推進	住み慣れた地域において、利用者の尊厳を保持しつつ、必要なサービスが切れ目なく提供されるよう取り組みを推進
3	自立支援・重度化防止の取り組みの推進	制度の目的に沿って、質の評価やデータ活用を行いながら、科学的に効果が裏付けられた質の高いサービスの提供を推進
4	介護人材の確保・介護現場の革新	喫緊・重要な課題として、介護人材の確保・介護現場の革新に対応
5	制度の安定性・持続可能性の確保	必要なサービスは確保しつつ、適正化・重点化を図る

厚生労働省：第199回社会保障審議会介護給付費分科会資料より

● 地域包括ケアシステムのさらなる推進

　現在、わが国では、いわゆる団塊の世代の全てが 75 歳以上となる 2025 年を目途に、重度な要介護状態となっても住み慣れた地域で自分らしい暮らしを人生の最期まで続けることができるよう、住まい・医療・介護・予防・生活支援が一体的に提供される地域包括ケアシステムの構築の実現に向けた取り組みが進められています（図2）。

　2025 年が近づく中、さらにその先を展望すると、いわゆる団塊ジュニア世代が 65 歳以上となる 2040 年には、高齢人口がピークを迎えるとともに、介護ニーズの高い 85 歳以上人口が 1,000 万人を超え、認知症の人の増加も見込まれるなど、介護サービス需要がさらに増大・多様化することが想定

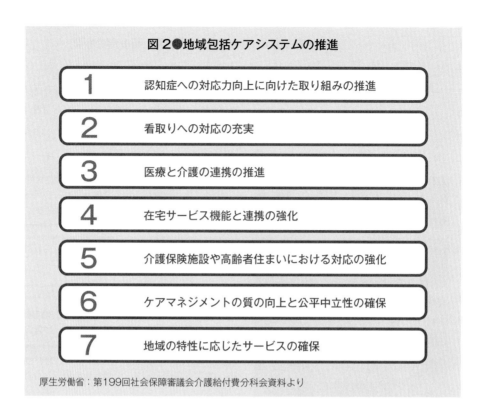

図2●地域包括ケアシステムの推進

1	認知症への対応力向上に向けた取り組みの推進
2	看取りへの対応の充実
3	医療と介護の連携の推進
4	在宅サービス機能と連携の強化
5	介護保険施設や高齢者住まいにおける対応の強化
6	ケアマネジメントの質の向上と公平中立性の確保
7	地域の特性に応じたサービスの確保

厚生労働省：第199回社会保障審議会介護給付費分科会資料より

されます。

　今回の介護報酬改定では、認知症の人や、医療ニーズが高い中重度の高齢者を含め、それぞれの住み慣れた地域において、尊厳を保持しつつ、必要なサービスが切れ目なく提供されるよう、在宅サービスの機能と連携をさらに強化する取り組みが進められます。

　また、介護保険施設や高齢者の住まいにおける対応の強化を図るほか、認知症への対応力向上に向けた取り組みの推進、看取りへの対応の充実、医療と介護の連携を推進していくとともに、ケアマネジメントの質の向上と公正中立性の確保や、都市部、中山間部など地域の特性に応じたサービスの確保に取り組んでいくことが位置づけられています。

◉ 自立支援・重度化防止への取り組み

　介護保険は、介護が必要になった人の尊厳を保持し、その有する能力に応じて自立した日常生活を営むことができるよう、必要なサービスを提供する

ことを目的とするものであり、提供されるサービスは、要介護状態等の軽減または悪化の防止に資するものであることが求められています（図3）。

　このように、高齢者の自立支援・重度化防止は、介護保険制度の大きな柱の1つであり、この目的を達成するには、サービスの質の評価やデータ活用を行いながら、科学的に効果が裏付けられた質の高いサービスの提供を推進することが求められています。

　これまでも、度重なる介護保険制度改正により、科学的に自立支援等の効果が裏づけられた介護の実現を図るため、介護関連のデータ（要介護認定情報、介護保険レセプト情報）、高齢者の状態やケアの内容等の情報（CHASE情報）、リハビリテーションに関する情報（VISIT 情報）、地域支援事業の利用者に関する情報（基本チェックリスト情報等）を利用・活用するための環境整備が進められてきたところです。

　今回の介護報酬改定では、リハビリテーション・機能訓練、口腔、栄養の取り組みを連携・強化させながら進めるなど、ストラクチャー、プロセス、アウトカムの評価をバランス良く組み合わせながら、科学的介護の取り組みを推進し、介護サービスの質の評価をさらに推進していくこととしています。

図3●自立支援・重度化防止の取り組みの推進
〈介護サービスの質の評価と科学的介護の取り組みの推進〉

CHASE・VISIT情報の収集・活用とPDCAサイクルの推進

　CHASE・VISITへのデータ提出と、フィードバックの活用によりPDCAサイクルの推進とケアの質の向上を図る取り組みを推進する。

- ●施設系・通所系・居住系・多機能系サービスについて、事業所の全ての利用者に係るデータ（ADL、栄養、口腔・嚥下、認知症等）をCHASEに提出してフィードバックを受け、事業所単位でのPDCAサイクル・ケアの質の向上の取り組みを推進することを新たに評価。

- ●既存の加算等において、利用者ごとの計画に基づくケアのPDCAサイクルの取り組みに加えて、CHASE等を活用したさらなる取り組みを新たに評価。【告示改正】

- ●全ての事業者に、CHASE・VISITへのデータ提出とフィードバックの活用によるPDCAサイクルの推進・ケアの質の向上を推奨。【省令改正】

厚生労働省：第199回社会保障審議会介護給付費分科会資料より

【CHASE（チェイス）・VISIT（ビジット）とは】

　CHASE（チェイス：Care, HeAlth Status & Events）とは、高齢者の状態・ケアの内容等のデータのことで、厚生労働省の「科学的裏付けに基づく介護に係る検討会」において具体的な内容を検討し、2018年にデータベースに用いる初期項目（265項目）を選定しました。

　一方、VISIT（ビジット：monitoring & evaluation for rehabilitation services for long-term care）は通所・訪問リハビリテーションの質の評価データ収集等事業のデータを指し、通所・訪問リハビリテーション事業所からリハビリテーション計画書等の情報を収集し、2018年度介護報酬改定でデータ提出を評価するリハビリマネジメント加算（Ⅳ）を新設しました。

　2021（令和3）年4月1日より、この2つの一体的な運用を開始するとともに、科学的介護の理解と浸透を図る観点から、名称をLIFE（ライフ：Long-term care Information system For Evidence＝科学的介護情報システム）とする予定です。

　従来の介護データベース（要介護認定情報、介護レセプト等情報）に加えてCHASE、VISIT（LIFE）を用いた厚生労働省へのデータ提出とフィードバックの活用により、PDCAサイクル・ケアの質の向上を図る取り組みが推進されます。

　2021（令和3）年度介護報酬改定では、科学的介護推進体制加算が新設され、運営基準にも介護計画書の作成や実践にCHASEやVISITの活用を「推奨する」という文言が盛り込まれました。

● 介護人材の確保・介護現場の革新

　現在、介護の人材不足は引き続き厳しい状況にありますが、2025年以降は少子高齢化のさらなる進展により生産年齢人口の減少が顕著となり、地域の高齢者介護を支える人的基盤の確保が大きな課題になることが見込まれています。

　介護人材の確保に向けては、これまでも介護報酬において処遇改善を行うとともに、多様な人材の確保・育成、離職防止・定着促進・生産性向上、介護職の魅力向上など総合的な人材確保対策が講じられてきました。

　また、介護現場の生産性向上は喫緊の課題であることから、2018（平成

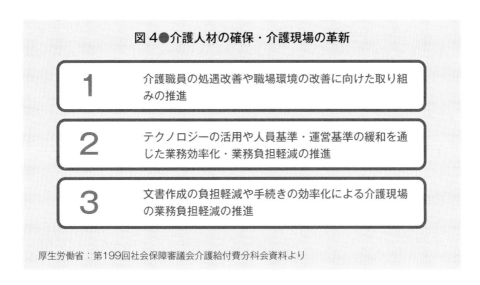

図4●介護人材の確保・介護現場の革新

1 介護職員の処遇改善や職場環境の改善に向けた取り組みの推進

2 テクノロジーの活用や人員基準・運営基準の緩和を通じた業務効率化・業務負担軽減の推進

3 文書作成の負担軽減や手続きの効率化による介護現場の業務負担軽減の推進

厚生労働省：第199回社会保障審議会介護給付費分科会資料より

30）年度に「介護現場革新会議」において基本方針が取りまとめられました。人手不足の中でも業務の切り分けや介護助手等の取り組みを通じた、介護サービスの質の維持・向上を実現するマネジメントモデルの構築、テクノロジーの活用、介護業界のイメージ改善と人材確保・定着促進を図る必要性が共有されたところです。

　今後とも、総合的な介護人材の確保対策や生産性向上をはじめとする、介護現場の革新の取り組みを一層推進していくことが必要であることから、今回の改定においては、**介護職員のさらなる処遇改善に向けた環境整備**や、介護職員のやりがい・定着にもつながる**職場環境の改善**に向けた取り組みを推進していくことしています。また、人材確保対策とあわせて、介護サービスの質を確保した上での、**テクノロジーの活用**や人員基準・運営基準の緩和を通じた**業務効率化・業務負担の軽減**を推進していくこととしています。あわせて**文書作成の負担軽減**や**手続きの効率化**による介護現場の業務負担軽減の推進が図られることとなります(図4)。

◉ 介護保険制度の安定性・持続可能性を高める

　介護保険制度は、保険料と公費および利用者負担で支えられていることから、現役世代を含めた費用負担者への説明責任をよりよく果たし、国民の共同連帯の理念に基づく制度への納得感をより一層高めていくことが求められ

ています。

　少子高齢化がさらに進展し、2040 年には高齢人口がピークを迎え介護ニーズが増大する中、生産年齢人口の減少が顕著となることが見込まれている上に、制度の安定性・持続可能性を高める取り組みが引き続き必要となっています。

　介護に要する費用に目を向けると、介護保険制度創設から 20 年が経過する中で、その費用は大幅に増加していることから、給付と負担に関して必要な見直しが行われることとなります。

　今回の改定においては、サービス提供の実態などを十分に踏まえながら、評価の適正化・重点化や、介護報酬体系の簡素化への取り組みがより一層推進されることとなります。

ケアマネ・訪問看護師が知って おきたい診療報酬改定の影響

⬥ 利用者・介護分野にも影響を与える診療報酬改定

　介護保険に関わる仕事をする中で、診療報酬改定について関連する部分を知っておくことは大切です。なぜなら、診療報酬改定によって「医療の流れ・仕組み」「スピード」等が変わるため、利用者の生活を支援する中で入退院支援など、医療にも関わるケアマネジャーには少なからず影響があるからです。もちろん訪問看護ステーションは診療報酬の算定をする場面も多くあるため、両制度について常に情報を更新しておかなくてはなりません。

　多職種協働での支援を行うには、連携相手の役割、立場等を知らずして連携を図ることはできません。「医療の敷居が高い」など以前から時折耳にすることがありますが、それは相手の立場や役割・機能を把握できていないことから起こっている部分もあるかもしれません。

　利用者が「住み慣れた地域」で生活を継続できるためには、医療・介護・福祉が連携して利用者を地域で支える「地域包括ケア」の仕組みが必要です。システムとして成り立つためには関係機関等相互理解、協力がなければなりません。これらのためにも医療がどのように地域包括ケアに関わるのか、医療とどのような連携が大切なのかを押さえておく必要があると言えるでしょう。

⬥ 2021（令和3）年介護報酬改定との比較、共通点

　2021年は3年に1度の介護報酬改定ですが、2020年には、2年に1度の診療報酬改定がありました。今回の介護報酬改定では、大きく5本の柱、診療報酬改定では4本の柱があります。両者に共通する柱を見てみると、1つは「地域包括ケアシステムの推進」、もう1つは「制度の安定性・持続性の確保」です。

1つめの「地域包括ケアシステムの推進」は、診療報酬では「医療機能の分化・強化、連携と地域包括ケアシステムの推進」という柱になっています。利用者の生活の場が入院から在宅、施設等へ移ったとしても、必要なサービスを切れ目なく提供できるシステムづくりが必要となります。中でも、①認知症、看取りへの対応充実、②医療と介護の連携推進、③在宅サービス、地域包括ケアシステム推進の取り組み、の3点に力を注ぐ形になっています。

　もう1つの「制度の安定性・持続性の確保」という観点からは、必要なサービスは提供しつつ適正化・効率化・重点化を図るということです。この中には、「自立支援」にさらに力を注ぎ、高齢者が暮らしていく上で、いかに重度化を防ぎ、自立した生活を少しでも長く送ることができるかという点が含まれています。

▶ 医療と介護の連携推進

　入退院支援の取り組みの推進の部分では、入院時支援加算1を算定するためには、規定されているすべての項目に関して評価が必要となるため、入院前の生活情報を伝えることは必須です。その際には、医療機関の地域連携室や医療ソーシャルワーカー等、連携時の窓口に相談し、情報共有シートや地域連携パスの活用をケアマネジャーも共有させてもらうとよいでしょう。医療と介護の間で情報の共有・交換を日頃からこまめに行うことで、利用者や家族の意向に沿った退院支援に、より早く取り組むことができるのではないかと考えます。万が一、利用者の意向がうまく医療側へ通じていないとわかった場合でも、支援者側の連携が図れていれば、早めに調整を行うことも可能でしょう。

● ICT 促進と質の高い医療や看護の提供

▶ ICT（情報通信技術）の活用、オンライン関連

　現在は特に新型コロナウイルス感染症の影響により、地域によっては行政から、なるべく直接の訪問を控えるよう指示が出ているところもあり、業務遂行上の感染対策をかなり厳しく行う必要があります。モニタリングや担当者会議等もこれまでと異なり、ICTを活用する等、各々工夫しながら利用者の支援をしなければなりません。ICTの活用において、新型コロナウイルス感染症の影響がさらに拍車をかける形になり、今後ますます促進されると考

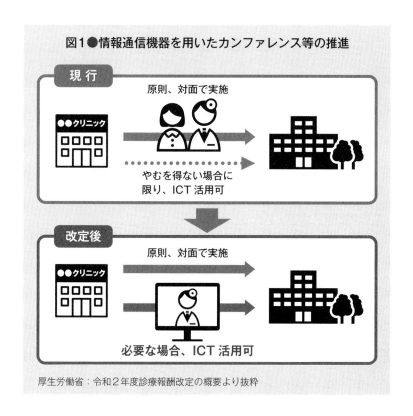

図1●情報通信機器を用いたカンファレンス等の推進

現 行

原則、対面で実施

●●クリニック

やむを得ない場合に
限り、ICT活用可

改定後

原則、対面で実施

●●クリニック

必要な場合、ICT活用可

厚生労働省：令和2年度診療報酬改定の概要より抜粋

えられます。それに備え、各事業所でも準備が必要となるでしょう（図1）。

▶在宅でも質の高い医療提供を（訪問診療）

　訪問診療においては、主治医以外の医師との連携という点で、他科の訪問診療継続を必要と認めた場合は6カ月を超えても算定可能です。退院後に初めて小規模多機能施設へ入居した場合等、これまで訪問診療を受けてない利用者であっても算定可能となります。

　検査装置の小型化に伴い、訪問診療時に超音波検査を行った場合に算定可能な項目が新設されました。これらは退院後も医療ニーズの高い利用者に対して、スムーズに在宅での生活に移行できるようにという配慮や、在宅でも質の高い医療提供を行うこと、在宅への移行の推進にもつながります。

▶認知症、看取りの充実を（訪問看護）

　訪問看護提供体制は、認知症、看取りの充実の部分に関して見直しとなりました。ここでも「質の高い」医療サービスの提供が求められています。24時間体制、専門性や質の高い訪問看護ステーションへの評価、リハビリ専門職による訪問看護提供においての見直しが行われました（図2）。

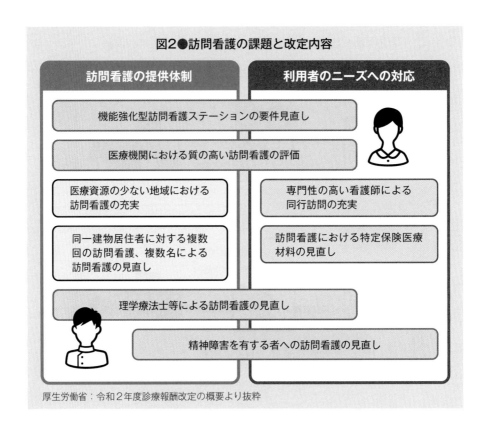

図2●訪問看護の課題と改定内容

訪問看護の提供体制

- 機能強化型訪問看護ステーションの要件見直し
- 医療機関における質の高い訪問看護の評価
- 医療資源の少ない地域における訪問看護の充実
- 同一建物居住者に対する複数回の訪問看護、複数名による訪問看護の見直し
- 理学療法士等による訪問看護の見直し
- 精神障害を有する者への訪問看護の見直し

利用者のニーズへの対応

- 専門性の高い看護師による同行訪問の充実
- 訪問看護における特定保険医療材料の見直し

厚生労働省：令和2年度診療報酬改定の概要より抜粋

薬剤管理やACPなど他職種連携が進む

▶残薬の多さなどケアマネも報告を（薬剤関連）

　利用者へ処方されている薬に関しては、これまで以上に薬剤師の役割を評価する形になっています。つまり6種類以上の薬を服用している利用者や、緊急に薬の管理指導が必要であると医師が認めた場合等、薬剤の調整に関して医師との相談や利用者への助言指導を薬剤師が行うものです（図3）。薬に関してはこれまでも薬剤師へ相談することもあったとは思いますが、残薬の多さに気づいた場合や利用者が言えずに困っていた点等、ケアマネジャーから薬剤師へ相談することで、薬剤師から医師へと直接連携を図ってもらうことができます。

▶ACP関連について

　認知症・看取りの充実という点において、「人生の最終段階における医療・ケアの決定プロセスにおけるガイドライン」は、医療やケアの方針を決定するうえで医療・介護サービスにかかわる人にとって大変重要なものです。報

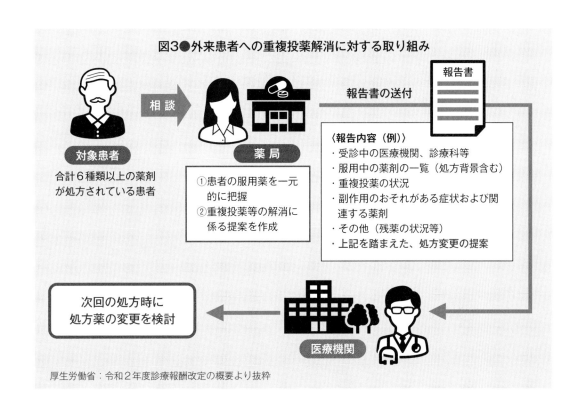

図3●外来患者への重複投薬解消に対する取り組み

相談

対象患者
合計6種類以上の薬剤
が処方されている患者

薬 局
①患者の服用薬を一元
　的に把握
②重複投薬等の解消に
　係る提案を作成

報告書の送付

報告書

〈**報告内容（例）**〉
・受診中の医療機関、診療科等
・服用中の薬剤の一覧（処方背景含む）
・重複投薬の状況
・副作用のおそれがある症状および関
　連する薬剤
・その他（残薬の状況等）
・上記を踏まえた、処方変更の提案

次回の処方時に
処方薬の変更を検討

医療機関

厚生労働省：令和2年度診療報酬改定の概要より抜粋

酬上においても加算の算定要件になるなど、施設関係においてはガイドライ
ンの取り組みを促進することが求められる等、診療報酬・介護報酬いずれに
おいても活用することが求められています。

　しかし、ここで注意しなければならないことは活用方法です。単にガイド
ラインに沿って意思確認をしておけばよい、というものでは決してありませ
ん。人間の意思は誰しも、時・状況によって変化することは当たり前ですし、
揺れ動くものだからです。関係者含め本人や家族の意思を確認しこれからの
方針を一度共有したとしても、その後意思が変わる度に確認をしながら、新
たな情報・方針を再共有していくというプロセスが重要となります。単なる
算定のためのチェックシートとして利用するのではなく、あくまで利用者自
身や家族が望む生き方、誰にも訪れる「死」を迎えるまでのプロセスを一緒
に考え、利用者自身や家族の思いを限りなく叶えることができるようにする。
その支援のために活用するものです。

　特に在宅での看取り段階でのケアマネジャーは、立ち位置はどこなのか、
その時期におけるケアマネジャーとしての役割は何かということも、しっか
り押さえておく必要があるでしょう。

今後、団塊の世代の全てが 75 歳を迎える 2025 年を見据え、さらには 85 歳以上の人口が高齢人口の 3 割近くになり、高齢者人口がピークとなる 2040 年をも見据えて、これからますます医療・介護連携、切れ目のない支援、地域包括ケアシステムの推進に力を注ぐことが求められます。そのためには報酬改定にもアンテナを張り巡らし、地域に目を配り、さらなる連携を図っていく必要があります。

ケアマネ・訪問看護師が知っておきたい感染症の影響

感染症の原因となるウイルス

　新型コロナウイルス感染症（COVID-19）は、「重症急性呼吸器症候群（SARS）」などと同じコロナウイルスの1つであり、自分自身で増殖することはできませんが、人の粘膜などの細胞に付着して入り込んで増えることにより、発熱などさまざまな症状を引き起こします。

　このウイルスは、健康な皮膚には表面に付着するだけで、入り込むことができずに時間が経てば壊れてしまいますが、付着後24時間から72時間程は感染力が維持されるとされています。

　一般的にウイルスは、流行を繰り返す中で少しずつ変異していくものとされていますが、新型コロナウイルスも約3万塩基で構成されたRNAウイルスであることから、既にさまざまな変異が報告されています。

主な症状と重篤化しやすい人の特徴

　初期症状はインフルエンザや感冒に似ており、多くの症例で発熱や鼻汁、鼻閉などの呼吸器症状、頭痛、倦怠感等がみられますが、下痢や嘔吐などの消化器症状の頻度は低いと報告されています。感染者の中には嗅覚障害・味覚障害を訴える人が多いことが特徴的です。

　また、感染した場合でも軽症や無症状のまま治癒する人もみられますが、重症化する人は普通の風邪症状が出てから約5～7日程度で症状が急速に悪化し、肺炎に至ることもみられます。

　新型コロナウイルスによる肺炎が重篤化した場合は、人工呼吸器などを使った集中治療が必要となります。特に、高齢者や基礎疾患（糖尿病、心不全、呼吸器疾患など）を有する人では、重症化するリスクが高い傾向がみられます。

⬤ 感染の経路

新型コロナウイルス感染症は、飛沫感染、接触感染で感染します。

閉鎖した空間で、近距離で多くの人と会話するなどの環境では、咳やくしゃみなどの症状がなくても感染を拡大させるリスクがあるとされています。

「飛沫感染」とは：感染者の飛沫（くしゃみ、咳、つばなど）と一緒にウイルスが放出され、他の人がそのウイルスを口や鼻などから吸い込んで感染することを言います。

「接触感染」とは：感染者がくしゃみや咳を手で押さえた後、その手で周りの物に触れるとウイルスがつきます。他の人がそれを触るとウイルスが手に付着し、その手で口や鼻を触ることにより粘膜から感染することを言います。WHO（世界保健機関）は、新型コロナウイルスは、プラスチックの表面では最大72時間、ボール紙では最大24時間生存するなどとしています。

新型コロナウイルスに感染した人が他の人に感染させてしまう可能性がある期間は、発症の2日前から発症後7〜10日間程度とされています。また、この期間のうち、発症の直前・直後で特にウイルス排出量が高くなると考えられています。

⬤ 感染の予防の3つの柱

介護事業所として行うべき感染対策には、①病原体（感染源）の排除、②感染経路の遮断、③宿主の抵抗力の向上の3つの柱があり、これらの取り組みを徹底することが重要です。

①病原体（感染源）の排除

新型コロナウイルスは、接触感染することから、多くの人が触れるものについてこまめに消毒や殺菌等を行うとともに、マスクの着用、石けんによる手洗いや手指消毒用アルコールによる消毒の励行などを徹底することが大切です。

②感染経路の遮断

サービス利用者への感染経路を遮断するためには、まずは、外部から介護サービスの提供場所に病原体を持ち込まないことが重要です。介護施設・事業所には、施設系・通所系・訪問系サービスがありますが、いずれも病原体

を持ち込まなければ、感染が拡がることはありません。

　万が一、介護施設・事業所内で感染者が発生した場合には、病原体をその他の人に拡げないことが必要です。

　さらに、通所系サービスでは利用者が病原体を持ち出さないようにすること、訪問系サービスについては、職員が介護施設・事業所へ病原体を持ち帰らないようにすることが必要です。職員は帰宅後に家族にうつさないためにも、介護施設・事業所を離れる際には、手指衛生を行い、ケア時に使用した服を着替えるなど、感染経路の遮断に留意する必要があります。

③宿主の抵抗力の向上

　感染症に対する抵抗力を向上させるには、日頃から栄養バランスがとれた食事をとる、規則正しい生活習慣を維持する、適度な運動により身体の抵抗力を高めることが重要です。

　また、職員自身も日頃の体調と変化がある場合は、無理をして出勤せず、管理者や周りの職員も休暇が取りやすい環境を整えることが必要です。感染対策を適切に行うことは、利用者のみならず、職員自身の健康を守る上でも重要です。

◎ 感染者等が発生した場合の対応

　万が一、施設内や訪問先で感染者や濃厚接触者が発生した場合には、保健所の指示に従うとともに、施設長や管理者は、介護施設・事業所として以下①、②の対応を行う必要があります。

❶ 感染が疑われる人が発生した場合（全サービス）

（ア）情報共有、報告
ⓐ 利用者等に発生した場合は、かかりつけ医など最寄りの診療所に電話相談、受診予約をします。
ⓑ 土日や夜間、受診先を迷った場合には、受診・相談センターに相談します。
ⓒ 速やかに管理者等に報告し、施設内で情報共有します。
ⓓ 指定権者、家族等に報告します。
ⓔ 居宅介護支援事業所に報告します（通所系・訪問系のみ）。

（イ）消毒、清掃
ⓐ 居室および利用した共用スペースでは手袋を着用して、消毒用エタノールまたは次亜塩素酸ナトリウム液で清拭などにより消毒・清掃を行います。
ⓑ 保健所の指示がある場合は指示に従います。

（ウ）積極的疫学調査への協力
ⓐ 利用者等に発生した場合は、その施設等において、感染が疑われる人との濃厚接触が疑われる人を特定します。
ⓑ 特定した利用者について居宅介護支援事業所に報告します（通所系のみ）。

❷ 感染者が発生した場合（全サービス）

（ア）情報共有、報告
ⓐ 利用者等の中に感染者が発生した場合、速やかに管理者等に報告し、施設内で情報共有を行います。
ⓑ 指定権者、家族等にも報告します。
ⓒ 主治医および居宅介護支援事業所に報告します。（通所系・訪問系のみ）

（イ）消毒、清掃
ⓐ 手袋を着用し、居室および利用した共用スペースについては、消毒用エタノールまたは次亜塩素酸ナトリウム液での消毒・清掃を行います。
ⓑ 保健所の指示がある場合は指示に従います。

（ウ）積極的疫学調査への協力
ⓐ 利用者等に発生した場合は、保健所の指示に従い濃厚接触者の特定に協力します。
ⓑ 可能な限り利用者のケア記録や面会者の情報を提供します。

厚生労働省「新型コロナウイルスに関するＱ＆Ａ（一般の方向け）、新型コロナウイルス感染症（COVID-19）診療の手引き・第2版、新型コロナウイルス感染症のいまについての10の知識、介護現場における感染対策の手引き」をもとに作成

【濃厚接触者の定義】

「患者（確定例）」の感染可能期間（発症2日前～）に接触した者のうち、次の範囲に該当する者である。

・患者（確定例）と同居あるいは長時間の接触（車内、航空機内等を含む）があった者

・適切な感染防護なしに患者（確定例）を診察、看護もしくは介護していた者

・患者（確定例）の気道分泌液もしくは体液等の汚染物質に直接触れた可能性が高い者

・その他：手で触れることのできる距離（目安として1m）で、必要な感染予防策なしで「患者（確定例）」と15分以上の接触があった者（周辺の環境や接触の状況等個々の状況から患者の感染性を総合的に判断する）

国立感染症研究所 感染症疫学センター「新型コロナウイルス感染症 患者に対する積極的疫学調査実施要領」より

2021（令和3）年度介護報酬改定の狙いを考える

◯ 国はどのようなサービスを評価したのか

　まず、国はどのようなサービスを評価したのか、代表的な各サービスの基本報酬のアップ率（表1）を見てみましょう。併せて令和元年度の経営実態調査結果も比べてみると、国がどのようなサービスを評価したのかがよくわかります。

表1 ●主なサービスの基本報酬のアップ率と令和年度の経営実態

サービス種別	改定率	令和元年度決算（税引前）
訪問介護	＋0.49％	＋2.60％
訪問看護（看護師）	＋0.29％	＋4.40％
訪問看護（リハ職）	△1.35％	
訪問リハビリテーション	＋5.14％	＋2.40％
通所介護	＋1.03％	＋3.20％
通所リハビリテーション	＋5.86％	＋1.80％
定期巡回・随時対応	＋0.30％	＋6.60％
小規模多機能型居宅介護	＋0.57％	＋3.10％
看護小規模多機能型居宅介護	＋0.30％	＋3.30％
居宅介護支援	＋1.81％	△1.6％
特定施設入居者生活介護	＋0.39％	＋3.00％
介護老人福祉施設	＋1.85％	＋1.60％
介護老人保健施設	＋1.72％	＋2.40％
介護医療院	＋1.77％	＋5.20％
全サービス平均	＋0.7％	＋2.40％

※例示した改定率の算出は、サービスごとの報酬の段階（時間や要介護度等）をすべて合計した単位で比較している（特養のみ要介護3以上）。なお、通所介護等は通常規模型、介護保険3施設は「ユニット型個室」で比較している。
※経営実態は、令和元年度の経営実態調査結果・厚労省（第190回介護給付費分科会資料）

● 厳しい訪問介護サービス

　まず目につくのは、訪問系のサービスへの低評価と、通所系サービスへの高評価です。特に厳しい評価となったのが訪問介護です。基本報酬は＋0.49％と全体の改定率にも満たず、新規の加算もほぼ無いため、他のサービスのように加算で上乗せもできません。

　介護の現場では、訪問介護が命綱という方が少なくありませんし、収益率の悪化とともにヘルパー人材の枯渇という大問題が浮上しているので、訪問介護には手厚い報酬改定を期待していましたが、まったく予想を裏切られました。

表2 ●介護サービス施設・事業所調査（2019年度・厚労省）

全国の事業所の件数	2019年	2018年	対前年	
			増減数	増減率(%)
訪問介護	34,825	35,111	△286	△0.8
訪問看護ステーション	11,580	10,884	696	6
通所介護	2,435	23,861	174	1
通所リハビリテーション	8,318	8,142	176	2
短期入所生活介護	11,566	11,434	132	1
短期入所療養介護	5,230	5,316	△86	△1.6
特定施設入居者生活介護	5,328	5,198	130	3
福祉用具貸与	7,651	7,866	△215	△2.7
特定福祉用具販売	7,630	7,862	△232	△3.0
定期巡回・随時対応	120	975	45	5
小規模多機能型居宅介護	5,502	5,469	33	1
認知症対応型共同生活介護	13,760	13,618	142	1
看護小規模多機能型居宅介護	588	512	76	15
居宅介護支援事業所	40,118	40,956	△838	△2.0
介護老人福祉施設	8,234	897	137	2
介護老人保健施設	4,337	4,335	2	0
介護医療院	245	62	183	295
介護療養型医療施設	833	126	△193	△18.8

訪問介護は経営実態調査でも 2.6%の黒字と、他のサービスから見てもそれほど高くはありませんが、今回の改定では安定的な事業所運営が厳しくなる一方です。介護サービス施設・事業所調査(表2)では、訪問介護事業所の撤退が浮き彫りになっていますが、今後はさらに撤退する事業所が増えるのではないかと危惧されます。

　また、介護職員総体の人材確保に関しても処遇改善等の見直しはありましたが、特に確保が困難な状況となっているヘルパーに関して有効となるような提案はありませんでした。特定事業所加算Ⅴが新設されましたが、すでに特定事業所加算ⅠやⅡを取得しているところでも人材確保が困難になっているのですから、あまり有効とも思えません。国の狙いは、生活援助を訪問介護から外して総合事業に移し市町村に丸投げすることでしょうし、改定率の低さはそのための布石とも思えます。

● 訪問リハビリの激変と通所リハビリの高い評価

　訪問看護からの PT・OT・ST の訪問は 293 単位と 4 単位も下がりました。今回の改定唯一のマイナス査定です。一方、病院からのリハビリ提供（訪問リハビリテーション費）は 307 単位（15 単位もアップ）となり、訪問看護からのリハビリ提供とは逆転したうえ、14 単位も差がつきました。

　今回の改定論議では、厚労省が「訪問看護事業所のリハビリ専門職が行うサービスは、看護の視点で提供するサービスという位置づけであり、実態が訪問リハビリテーションと同じようなサービスであれば、訪問リハビリテーションとして提供されるべきではないか」（第 193 回社会保障審議会介護給付費分科会資料）という資料を提出し、具体的な案として、「訪問看護の人員要件を見直し、看護職員の割合の設定を求めるべき」という案が浮上しました。それに対し、リハビリの職能団体等が猛反発した結果、人員要件は見送られたものの報酬評価を下げるという形で決着しました。

　つまり、訪問してのリハビリテーションの提供は、医師がより関与できる病院等からの提供に切り替えたいという狙いがあるのですが、その背景にはリハビリテーションをベースとした科学的介護を積極的に推し進めたいという国の思惑があるとみています。

　もっとも、訪問リハビリの基本報酬に従来のリハビリテーションマネジメ

ント加算（Ⅰ）が繰り込まれたので、より上位区分の加算取得が必須ですが、医師の関与と LIFE の活用（データ提供とフィードバックの活用）により、加算額は大きくなります。

　また、通所リハビリについてはリハビリテーションマネジメント加算（Ⅰ）を基本報酬に繰り入れしたことを考慮しても、LIFE の活用など上位区分の取得をする場合は高評価（特に短時間での提供に顕著）となりましたが、2025 年問題を見据えて、重度化を防ぐ維持・改善の取り組みの方に、より力を注ぐという国の戦略ではないかと見て取れます。

> **国の方向性**
>
> 重度化防止・ADL の維持・改善 ＞ 現在、重度の方への介護

LIFE とは？

　既存の介護のデータベース「CHASE」と、リハビリ情報のデータベース「VISIT」を一体的に運用させるため、「LIFE」という新たなデータベースを創設することとしました。「LIFE」は、Long-term care Information system For Evidence の頭文字からつけたということです。

科学的介護の推進

　科学的介護とは、膨大な介護・リハビリサービスのビッグデータを収集し、それらを分析しフィードバックの仕組みを持たせることで、日常行っている介護・リハビリ等に活かすという新たな仕組みづくりといえます。

　EBM（根拠に基づいた医療）が常識となっている医療サービスに比べ、介護サービスは経験がものをいう業界と言われ、なかなか科学的な分析ができていませんでした。しかし、介護保険の創設をきっかけとして爆発的にサービスが増大する中で、介護予防や ADL の改善等に成果が出た取り組み等が報告されるようになりました。これらのデータを活かして科学的根拠である「再現性」を、介護サービスにも導入できないだろうかというのは、長らく

検討されてきたことです。このたびの改定で、国は科学的介護の取り組みを加算というインセンティブにより推し進めることとしました。

この戦略には、日本は高齢者介護に関する世界のリーダーになるという国の意気込みが感じられます。今後、世界中が高齢社会に突入する時代を迎えることになり、要介護者の状態に応じた適切な介護技術の提供は世界共通の課題ともいえます。超高齢社会に一番乗りした日本が、根拠に基づいた介護を提示し、介護ビジネスを輸出するという青写真があるのではないでしょうか。

※なお、科学的介護推進体制加算の具体的な要件等は、第3章を参考にしてください。

◑ 初の「よくなったこと」を評価する加算

排せつ支援・褥瘡マネジメントのアウトカム評価

このたびの改定では、排せつ支援加算・褥瘡マネジメント加算にアウトカム評価が位置づけられました。具体的には、排せつ支援加算（Ⅱ）・（Ⅲ）は、利用開始時と比較して排尿・排便の状態が改善するとともに、おむつ使用ありから使用なしに改善していること等、褥瘡マネジメント加算（Ⅱ）は、利用開始時の評価の結果、褥瘡が発生するリスクがあるとされた利用者について、褥瘡の発生のないことが要件となりました。

これは今までの加算とは違い、「良くなったこと」を評価する加算です。「介護度が軽くなる取り組みを評価してほしい」というのは、事業者からずっと要望されていた事項ですが、初めてといってよいアウトカム評価が出されたことは注目されます。取得率によっては今後の加算の方向性の1つになるかもしれません。

◑ サービス提供体制の基準緩和

このたびの改定では、人員配置基準を緩めた改定が目につきます。ざっと見て、特養における夜間人員配置の基準緩和、特養・老健と小規模多機能併設の場合の管理者・介護職員の兼務可、3ユニットのグループホームの夜勤職員体制の緩和、定期巡回等におけるオペレーターの夜間常駐緩和、居宅介

護支援の担当上限緩和等があります。いずれも ICT などのテクノロジーの活用が条件になっているサービスが多いのですが、これらは人材確保が厳しい状況の中でのやむを得ない措置ともいえましょう。介護人材は現状では増える要素があまり見当たりませんので、今後もさらにこのような基準緩和は続くと思われます。その代替として、進化するロボットや ICT 技術にどこまで仕事を任せることができるかというのが、これからの議論になるでしょう。またその開発技術が科学的介護同様、日本の介護ビジネスの売りになることも想定していると思われます。

◉ 地域の実情による介護サービス体制の整備

　介護人材確保は特に過疎地では喫緊の課題となっており、訪問介護・通所介護という基幹的サービスが維持できなくなる可能性も出てきています。そこで、今回の改定では、地域の実情による介護サービスのあり方について見直しがありました。

　それは、小規模多機能型居宅介護などの地域密着型サービスについて、中山間地域の加算を広げ、登録定員の弾力化を進めることや、グループホームのサテライト型事業所を創設したことなどです。人員基準等の「従うべき基準」を「標準基準」に見直すことで、市町村の裁量を広げようというのが趣旨です。これは、今後の過疎地の町村のサービスは、なんでも対応できる多機能型サービスの方が現実的ではないのか、という国の問いかけとも見て取れます。

◉ サ高住など住まいでの介護の推進のための適正化

　今回の改定で、サ高住や住宅型有料老人ホーム等での適正なサービス提供を確保する観点から、事業所指定の際の条件づけ（利用者の一定割合以上を併設集合住宅以外の利用者とする等）や家賃・ケアプランの確認などを通じて、自治体による更なる指導の徹底を図ることとなりました。

　具体的には、訪問系サービス、通所系サービス、福祉用具貸与について「事業所と同一の建物に居住する利用者に対してサービス提供を行う場合には、当該建物に居住する利用者以外に対してもサービス提供を行うよう努めるこ

と」という規定を設け、かつ、区分支給限度基準額の利用割合が高く訪問介護が大部分を占める等のケアプランを作成する居宅介護支援事業者を対象とした点検・検証の仕組みを導入することとなりました。

このことは、増え続けるサ高住等への抑制ではありません。むしろ今後は、サ高住、住宅型有料ホームが終の棲家としてメインになっていくことを想定して、そこで適切な介護を提供して健全な住まいとなってほしいという期待の表れととらえるべきでしょう。

高齢者人口は増え続けていますが、人口予測では2040年以降は減少していきますので、国や自治体の財源をつぎ込む施設を増やすよりも民間活力に委ねた方が、社会保障費負担は軽減されます。その足場づくりとして、サ高住等での適切な介護サービスの提供を求めているといえましょう。「地域包括ケア」づくりよりも「住まい包括ケア」の方が現実的なものとなっています。

● 事業所の大規模化の一層の推進

介護保険サービスは、開設のハードルの低さから小規模事業者の参入が相次ぎましたが、国は以前から大規模化による効率的で安定した運営を求めていました。今回の改定では、さらに運営基準の改定等で感染症や虐待防止などの各種研修の必須化や業務継続計画の立案などバックヤード的な仕組みを求めるようになりましたので、国の「大規模な事業者でないと生き残れませんよ」というメッセージが感じとれます。居宅介護支援事業所の担当上限緩和も、事務員を配置できるぐらい大規模な居宅介護支援事業所を期待しているとも読み取れます。

● 2025年問題・2040年問題と地方消滅を見据えて

介護報酬改定を受けて市町村は、第8期の介護保険事業計画を策定する必要がありますが、国がその指針を示しています（社会保障審議会第90回介護保険部会資料）。

① 2025・2040年を見据えたサービス基盤、人的基盤の整備

② 地域共生社会の実現

③ 介護予防・健康づくり施策の充実・推進（地域支援事業等の効果的な実施）

④ 有料老人ホームとサービス付き高齢者住宅に係る都道府県・市町村間の
　情報連携の強化
⑤ 認知症施策推進大綱等を踏まえた認知症施策の推進
⑥ 地域包括ケアシステムを支える介護人材確保および業務効率化の取り組みの強化

　団塊の世代が後期高齢者（75 歳以上）に達することにより、介護・医療費などが急増すると予想されている 2025 年、そして高齢者人口が最大になり年金・医療・介護などの社会保障給付費が増大する 2040 年を見据えた市町村計画を策定していただきたいとのメッセージですが、いずれも取り組まなければならない難問ではあります。

　とりわけ、過疎化の進行で人口減少と高齢化による地方消滅や、医師の偏在対策なども含め、地域の課題は山積しています。

　また、介護保険にかかわらず、生活困難な課題を抱える人びとに地域がどう対応できるのかという課題もあり、地域の福祉・介護に携わる人材の有効活用が求められています。2020（令和 2）年 6 月の社会福祉法の改正により整備されることとなった「重層的支援体制整備事業」が目指す地域共生社会と、介護保険法が目指す地域包括ケア体制は、図1 のように一体的に進められることが求められていると言えましょう。

　さて、2021（令和 3）年度の報酬改定を受け、事業者はどのような事業展開を考えていく必要があるのでしょう。

　まずは、事業所としてひとくくりにした戦略ではなく、事業所のある地域によってその様相は変わると思われます。大雑把に言うと、人口減が著しく産業衰退になりつつある地域か、都会で高齢者人口がますます増える地域か、その中間的な地域か、等により戦略は変わるでしょう。

　自分の地域を改めて読み解くには、市町村が策定する第 8 期介護保険事業計画を熟読したいものです。その地域の 2025 年、2040 年の人口構成等の基礎資料はもちろん、重要視したいのは高齢者へのアンケート調査の結果です。地域の団塊の世代がどのような介護を望んでいるか、地域の助け合いの見通しはどうか等、地域の課題等が浮き彫りになり、ニーズを発見できるでしょう。副次的には、事業所が地域と向き合うことで、社会貢献できることを探したいものです。

　次に考えたいのは、何よりも人材確保対策です。これには、万能の処方せ

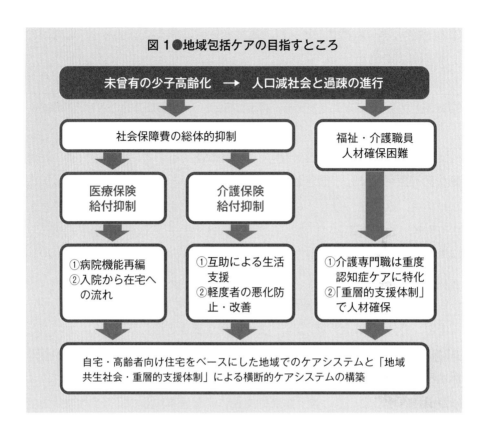

図1●地域包括ケアの目指すところ

未曾有の少子高齢化 → 人口減社会と過疎の進行

社会保障費の総体的抑制

福祉・介護職員
人材確保困難

医療保険
給付抑制

介護保険
給付抑制

①病院機能再編
②入院から在宅へ
の流れ

①互助による生活
支援
②軽度者の悪化防
止・改善

①介護専門職は重度
認知症ケアに特化
②「重層的支援体制」
で人材確保

自宅・高齢者向け住宅をベースにした地域でのケアシステムと「地域
共生社会・重層的支援体制」による横断的ケアシステムの構築

んはありません。「働きやすく、職員と利用者の権利が守られている職場で
あること」が前提条件ですが、さらに職員が「ここで働いてよかった」「仕
事が楽しい」という、やる気が出る仕組みづくりが必要でしょう。介護現場
の環境改善・業務改善等により、利用者が「ここを利用してよかった」と思
えるような取り組み事例も、業界誌やWEBなどでたくさん紹介されていま
す。アンテナを張って、そのような取り組みを収集し学んでいくという姿勢
が求められます。

　そして、地域共生社会の創生がメインストリームになることは間違いなく、
それに対応できる準備として、横断的な社会福祉法制・権利擁護の各種法制
とさまざまな社会資源を押さえておきたいものです。

　最後に、コロナ禍で、シニアの方々は交流の機会が減り、閉じこもり傾向
が大変強くなってきており、2、3年後にはフレイルになっている方の急増
が予測されます。シニアだからWEB等での交流は無理だろうと考えずに、
ステイホームでも何らかの形でシニアが社会参加できる仕組みづくりなども
考えたいものです。

第 2 章

サービス種別ごとの
改正のポイント

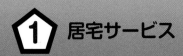

1 居宅サービス

全サービス共通

ここが Point

感染症、災害など非常時への対応を強化

指針の整備や訓練には3年の経過措置を設ける

根拠に沿った「科学的介護」の実践

● 感染症対策と業務継続に向けた取り組みの強化

　このたびの改正では、全ての介護サービス事業において、共通の改定項目が多く設けられました(表1)。中でもコロナ禍や大規模な災害の発生時においても地域において必要な介護サービスを安定的に継続していく体制を確保するため、委員会の開催、指針の整備、研修の実施、訓練（シミュレーション）の実施等の取り組みが義務づけられました(表2)。

　これらについては、3年の経過措置期間が設けられていますが、新型コロナウイルス感染症が拡大する中、利用者や従業者を守り、事業所と自分自身を守るためにも一刻も早く適正な対応を図るための体制づくりを行う必要があります。また、地震や集中豪雨等の災害もいったん発生すると待ったなしの対応が求められますので、いつ発生しても適切な対応を図ることができるよう、できるだけ速やかに必要な準備を行っておくことが大切です。

表1●全サービス共通改定項目

改定項目
①感染症対策の強化
②感染症対策の強化
③CHASE・VISIT情報の収集・活用とPDCAサイクルの推進
④人員設置基準における両立支援への配慮
⑤ハラスメント対策の強化
⑥会議や多職種連携におけるICTの活用
⑦利用者への説明・同意に係る見直し
⑧員数の記載や変更届出の明確化
⑨記録の保存等に係る見直し
⑩運営規定等の掲示に係る見直し
⑪高齢者虐待防止の推進
⑫地域区分

表2●介護事業所に課せられた3つの対策

	委員会の開催 （担当者の指定）	指針の整備	研修の実施	訓練の実施
感染症対策	○	○	○	○
業務継続対策 （災害・感染症）	×	○	○	○
虐待防止対策	○	○	○	×

● 感染症対策に向けた取り組み

▶委員会の開催

　介護施設においては、すでに「感染症対策委員会」の設置が義務づけられていましたが、今回の改定で、全ての介護事業所において感染管理活動を総括し、実践する組織の設置が義務化されました。

　委員会のメンバーは、組織の全体をカバーできるよう施設の管理者を中心に、事業所の実態に合わせて職員等で構成することとなっていますが、外部の感染管理等の専門家を加えることもできます。その中で、専任の感染対策の担当者を決めるとともに、メンバーの役割分担を明確にすることが求められています。

　委員会の主な役割は、感染症の予防と感染症発生時の対応です。このため、委員会は定期的な開催に加えて、感染症の発生しやすい時期や感染症の発生の疑いのある場合等、必要に応じて随時開催することとなっています。

【委員会の活動】

- 施設（事業所）内の具体的な感染対策の計画の策定
- 施設（事業所）の指針・マニュアル等の作成・見直し
- 新規入所者（利用者）の感染症の既往等の把握とプランへの反映に関する検討
- 感染症の発生（疑いのある場合を含む）時の指揮対応と終息の判断
- 感染症対策の評価と改善策の検討

▶指針の整備

　感染症対策のための指針は、感染症対策に対する事業所の考え方や方針を

明確に示すとともに全体で情報共有を図っていくことが重要です。

　また、基本的な考え方に基づき、実際の場面で適切に判断・実行するための具体的な方法や「感染症管理体制」、「日頃の対策」、「感染症発生時の対応」等の手順を明確に示したマニュアルを合わせて整備することが大切です。

　これらの指針やマニュアルの策定に際しては、国が 2020（令和 2）年 10 月に示した「**介護現場における感染症対策の手引き**」が参考になります。

▶研修・訓練（シミュレーション）の実施

　感染症対策の知識を事業所全体で共有するために、指針に基づいた研修プログラムを作成して研修を実施するとともに、感染症の発生を想定した訓練（シミュレーション）を実施することが義務づけられています。

◉ 災害発生時における業務継続に向けた取り組み

▶業務継続に向けた計画等の策定

　大地震等の大規模災害や感染症のまん延、テロ等の事件、サプライチェーン（供給網）の途絶など、突発的な経営環境の変化や不慮の事態が発生した場合、「建物設備の損壊」、「社会インフラの停止」、「災害対応業務の発生による人手不足」などにより利用者へのサービス提供が困難になります。

　一方、利用者の多くは、日常生活や健康管理、さらには生命維持の大部分を介護施設等の提供するサービスに依存しており、サービス提供が困難になることは利用者の生活・健康・生命の支障に直結してしまいます。

　このため、介護事業所は、重要な事業を中断させない、または中断してもできるだけ可能な限り短い期間で復旧させるための方針、体制、手順等を示した業務継続計画（BPC）を策定しておく必要があるのです。

　業務継続計画（BPC）において重要な取り組みは、以下の 5 点です。

- 各担当者をあらかじめ決めておくこと（誰が、いつ、何をするか）
- 連絡先をあらかじめ整理しておくこと
- 必要な物資をあらかじめ整理、準備しておくこと
- 上記のことを組織で共有すること
- 定期的に見直し、必要に応じて研修・訓練を行うこと

　具体的な業務継続計画（BPC）の策定に際しては、国が 2020（令和 2）年 12 月に示した「**介護施設・事業所における自然災害発生時の業務継続ガ**

イドライン」が参考になります。

▶**研修・訓練（シミュレーション）の実施等**

危機発生時においても迅速に行動できるよう、平時から研修と訓練（シミュレーション）を実施する必要があります。

高齢者虐待防止の推進

利用者の人権の擁護、虐待の防止等の観点から、全ての介護サービス事業者を対象に、虐待の発生・再発を防止するための委員会の開催、指針の整備、研修の実施、担当者を定めることが義務づけられました。

義務化された事項は、訓練（シミュレーション）の実施を除いて感染症対策と業務継続に向けた取り組みと同様であり、3年の経過措置期間が設けられています。

今回、感染症対策、業務継続対策、虐待防止対策の3点において、指針の整備や研修の実施が義務づけられました。そのいずれについても、3年間の経過措置期間が設けられているところですが、事業所においては緊急性などを的確に判断して、必要に応じて速やかに取り組むことが大切です。その際、一法人で複数の介護事業を運営している場合などは、法人の統括部門やそれぞれの管理者等が協力して計画の策定や研修のカリキュラムの決定を行うことも検討するとよいと思います。

CHASE・VISIT 情報の収集・活用と PDCA サイクルの推進

医療業界では、すでに「エビデンス（客観的事実に基づいた根拠、理由）に沿って提供される医療、看護」の考えが広く定着しています。

この医療業界の「エビデンス」は、多数の症例や臨床結果を記録し分析結果を論文に残し、業界全体で共有することによって積み上げてきたものであり、症例ごとの客観的な科学的根拠に基づいた最も効果が高い治療方法の選択が可能となっています。

現在、介護の分野においては、介護保険のレセプトのデータを蓄積した「介護保険総合データベース」と、通所・訪問リハビリテーションの事業所から利用者のアセスメント表やリハビリテーションの計画書、評価表等のケア記

録等のリハビリ分野に関する情報を任意にデータベース化した「VISIT」という2つの電子化されたデータベースが稼働しています。

しかしながら、これらのみでは「科学的介護」の実践として活用するには不十分であったため、このたびの改定において厚生労働省では介護分野のエビデンスをより一層集めるデータベースの作成を進めることとしました。

このデータベースが「CHASE」であり、今後、介護保険サービスを使う利用者のADLや認知症に関する情報、食事摂取量や口腔の情報など、「介護保険総合データベース」と「VISIT」では足りない情報を「CHASE」として全ての介護サービスの事業者に提供を求めることとなっています。

そのうえで、「介護保険総合データベース」、「VISIT」、「CHASE」の3つのデータベースを統合して「LIFE」という1つの大きなビッグデータとして分析することで、根拠に沿った「科学的介護」の実践に活用していくこととしています。

● 文書負担軽減や手続きの効率化による業務負担軽減の推進

現在、重要事項の説明などを利用者や家族に行った場合、必ず、利用者、家族等の署名と押印が不可欠となっていますが、今回の改正により、タブレットを活用したサイン等の電磁的な対応が認められることとなります。

また、さまざまな行政手続きに関して、申請者等の押印の廃止が進む中において、介護サービスの利用手続きに関しても、様式等が変更され、押印が廃止されることとなります。

これに加え、介護現場の業務負担軽減の推進を図るため、これまで紙ベースでの保管が義務づけられていた諸記録について、電磁的な保存・交付等の対応が原則認められることとなります。

さらに、運営規程等の重要事項については、事業所内に掲示することが義務づけられていましたが、パソコンやタブレットなどの電磁的なファイルとして閲覧可能な形等で備え置くことができるようになります。

居宅サービス

居宅介護支援

ここがPoint

条件付きで1人当たりの受け持ち件数を緩和

特定事業所加算に新たな区分が新設

医療機関とはより一層の連携強化を

● 事務の効率化による逓減制の緩和

　現在、ケアマネジャー1人当たりの受け持ち件数が40件以上となった場合、介護報酬が減額される逓減制が実施されています。

　このたびの改定においては、経営の安定化を図る観点から、一定のICT（AIを含む）の活用または事務職員の配置を行っている事業者については、この逓減制の適用を45件以上からとする見直しが行われます（図1）。

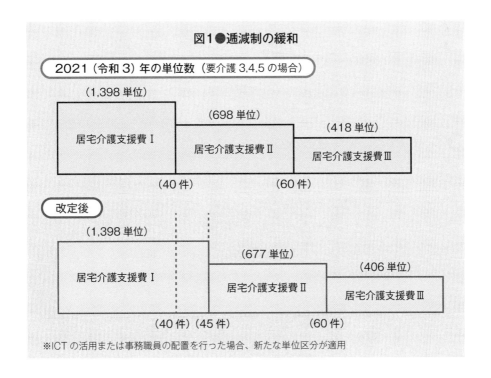

図1●逓減制の緩和

2021（令和3）年の単位数（要介護3,4,5の場合）

（1,398単位）
居宅介護支援費Ⅰ

（698単位）
居宅介護支援費Ⅱ

（418単位）
居宅介護支援費Ⅲ

（40件）　（60件）

改定後

（1,398単位）
居宅介護支援費Ⅰ

（677単位）
居宅介護支援費Ⅱ

（406単位）
居宅介護支援費Ⅲ

（40件）（45件）　（60件）

※ICTの活用または事務職員の配置を行った場合、新たな単位区分が適用

また、逓減制におけるケアマネジャー1人当たりの取り扱い件数の計算に当たり、現在、事業所が自然災害や感染症等による突発的な対応で利用者を受け入れた場合は、例外的に件数に含めないこととされていますが、地域の実情を踏まえ、事業所がその周辺の中山間地域等の事業所の存在状況から、やむを得ず利用者を受け入れた場合についても例外的に件数に含めない取り扱いを可能とする見直しが行われます。

● 特定事業所加算の見直し

特定事業所加算（Ⅰ）～（Ⅲ）に加え、小規模事業所が事業所間連携により質の高いケアマネジメントを実現していくよう、事業所間の連携により体制確保や対応等を行う事業所を評価する新たな区分「特定事業所加算（A）」が創設されます。

なお、従来の特定事業所加算（Ⅳ）については、加算（Ⅰ）から（Ⅲ）までと異なり、病院との連携や看取りへの対応の状況を要件とするものであることを踏まえ、医療と介護の連携を推進する観点から、「特定事業所医療介護連携加算」として別に評価されることとなります。

また、特定事業所加算（Ⅰ）～（A）の共通の要件として、「必要に応じて、多様な主体等が提供する生活支援のサービス（インフォーマルサービスを含む）が包括的に提供されるような居宅サービス計画を作成していること」が新たに設けられます(表1)。

● 医療機関との情報連携の強化

医療と介護の連携を強化し、適切なケアマネジメントの実施やケアマネジメントの質の向上を進める観点から、利用者が医療機関において医師の診察を受ける際に介護支援専門員が同席し、医師等と情報連携を行い、当該情報を踏まえてケアマネジメントを行うことを一定の場合に評価する新たな加算として、「通院時情報連携加算」が創設されます。

通院時情報連携加算　50単位／月

表1●特定事業所加算の種類と要件

	加算（Ⅰ）505 単位	加算（Ⅱ）407 単位	加算（Ⅲ）309 単位	加算（A）100 単位	加算（Ⅳ）125 単位
①常勤の主任ケアマネジャーの配置	2名以上	1名以上	1名以上	1名以上	【算定要件】 （1）前々年度の3月から前年度の2月までの間において退院・退所加算の算定に係る病院等との連携の回数（情報の提供を受けた回数）の合計が 35 回以上 （2）前々年度の3月から前年度の2月までの間においてターミナルケアマネジメント加算を5回以上算定 （3）特定事業所加算（Ⅰ）～（Ⅲ）を算定していること
②常勤のケアマネジャーの配置	3名以上	3名以上	2名以上	常勤：1名以上 非常勤：1名以上	
③利用者情報等の定期的な伝達会議の開催	○	○	○	○	
④24 時間連絡体制、相談体制の確保	○	○	○	○連携可	
⑤要介護3～5の割合が100分の40以上	○	×	×	×	
⑥所属のケアマネジャーへの計画的な研修実施	○	○	○	○連携可	
⑦地域包括支援センターからの困難事例の受け入れ	○	○	○	○	
⑧地域包括支援センター実施の事例検討会への参加	○	○	○	○	
⑨運営基準、特定事業所減算への非適用	○	○	○	○	
⑩ケアマネジャー1人当たりの利用者数が 40 人未満	○	○	○	○	
⑪実務研修の実習への協力体制の確保	○	○	○	○連携可	
⑫他法人の居宅と合同で研修会等の開催	○	○	○	○連携可	
多様な主体等が提供する生活支援のサービス（インフォーマルサービスを含む）が包括的に提供されるような居宅サービス計画を作成	○	○	○	○	

※「多様な主体等が提供する生活支援のサービス」とは、高齢者の在宅生活を支えるため、ボランティア、ＮＰＯ、民間企業、社会福祉法人、協同組合等の多様な事業主体による外出支援や介護者支援、配食、安否確認、交流サロン等のサービスを指す。

⬠ 居宅サービス

訪問介護

基本報酬は微増にとどまるも、認知症専門ケアに新たな加算

人材の定着を評価する新たな事業所加算も

条件緩和や事務負担軽減に配慮

◉ 基本報酬は微増にとどまる

訪問介護の基本報酬は、すべての報酬体系でわずか1〜2単位のアップにとどまりました(表1)。

表1 ●介護報酬改正の主な内容

（1）基本報酬　※（　）内は前回報酬との比較

身体介護		生活援助	
20分未満	167単位（1↑）	20分〜45分未満	183単位（1↑）
20〜30分未満	250単位（1↑）		
30〜1時間未満	396単位（1↑）	45分以上	225単位（1↑）
1時間以上	579単位（2↑）+30分ごとに84単位（1↑）		

その他：通院等乗降介助　99単位（1↑）

◉ 新設加算は認知症ケアに

新設 **認知症専門ケア加算（Ⅰ）**

● 認知症高齢者の日常生活自立度Ⅲ以上の者が利用者の100分の50以上。

● 認知症介護実践リーダー研修修了者を認知症高齢者の日常生活自立度Ⅲ以上の者が20名未満の場合は1名以上、20名以上の場合は1に、当該対象者の数が19を超えて10または端数を増すごとに1を加えて得た数以上配置し、専門的な認知症ケアを実施。

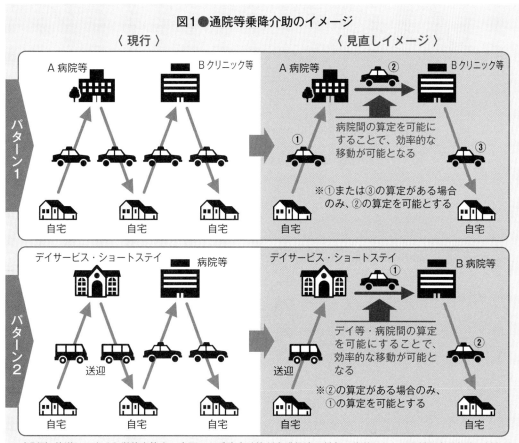

図1●通院等乗降介助のイメージ

〈 現行 〉　　　　　　　　　　　　　　　　〈 見直しイメージ 〉

パターン1

A 病院等　　　　　B クリニック等　　　　A 病院等　②　　　B クリニック等

病院間の算定を可能にすることで、効率的な移動が可能となる

①　　　　　　　　　　　　③

※①または③の算定がある場合のみ、②の算定を可能とする

自宅　　　自宅　　　自宅　　　　　自宅　　　　　　　自宅

パターン2

デイサービス・ショートステイ　　　病院等　　　デイサービス・ショートステイ　①　　B 病院等

デイ等・病院間の算定を可能にすることで、効率的な移動が可能となる

送迎　　　　　　　　　　　　　　送迎　　　　　　　②

※②の算定がある場合のみ、①の算定を可能とする

自宅　　　自宅　　　自宅　　　　　自宅　　　　　　　自宅

・（現行）片道につき 98 単位を算定・車両への乗降介助等が介護保険の対象・移送にかかる運賃は介護保険の対象外

- 当該事業所の従業員に対して、認知症ケアに関する留意事項の伝達または技術的指導に係る会議を定期的に開催。

新設 認知症専門ケア加算（Ⅱ）

- 認知症専門ケア加算（Ⅰ）の要件を満たし、かつ、認知症介護指導者養成研修修了者を1名以上配置し、事業所全体の認知症ケアの指導等を実施・介護、看護職員ごとの認知症ケアに関する研修計画を作成し、実施または実施を予定。

新設 特定事業所加算Ⅴ

- 人材要件として「訪問介護員等の総数のうち、勤続年数7年以上の者の占める割合が30％以上であること」を評価する新たな区分を設けた。→所定単位数の3％を加算。

※加算（Ⅴ）は、加算（Ⅲ）（重度者対応要件による加算）との併算定が可

能であるが、人材要件が含まれる加算（Ⅰ）、（Ⅱ）、（Ⅳ）との併算定は不可。

変更 通院等乗降介助

- 通院等乗降介助について、利用者の負担軽減の観点から、居宅が始点または終点となる場合の目的地間の移送についても算定可能とする。

  例：自宅⇒Ａ病院⇒Ｂクリニック⇒自宅が可能となる(図1)。

変更 看取り期の2時間ルールの適用除外

- 看取り期の利用者に訪問介護を提供する場合に、2時間ルール（2時間未満の間隔のサービス提供は所要時間を合算すること）を弾力化し、所要時間を合算せずにそれぞれの所定単位数の算定を可能とする。

変更 生活援助の訪問回数が多い利用者等のケアプランの検証（居宅介護支援に関連）

- 生活援助の訪問回数が多い利用者のケアプランについて、事務負担にも配慮して、検証の仕方や届出頻度の見直しを行う（区分支給限度基準額の利用割合が高く訪問介護が大部分を占める等のケアプランを作成する居宅介護支援事業者を対象とした点検・検証の仕組みを導入する）。

その他、処遇改善加算の職場環境要件の見直しや特定処遇改善加算の見直し、各種書類への利用者の押印廃止などがありますが、共通の項で解説しているので、チェックしておきましょう。

⬠ 居宅サービス

通所介護・地域密着型通所介護

ここが Point

事業所規模別の報酬等に関する対応

個別機能訓練加算や ADL 維持等加算が大幅見直し

◉ 通所介護等の事業所規模別の報酬等に関する対応

　通所介護等（通所介護、通所リハビリテーション、地域密着型通所介護、認知症対応型通所介護）の報酬について、感染症や災害の影響により利用者数が減少した場合に、状況に即した安定的なサービス提供を可能とする観点から、次の特例措置が設けられます。

【通所介護等の事業所規模別の報酬等に関する特例措置】

ア　より小さい規模区分がある大規模型について、事業所規模別の報酬区分の決定にあたり、前年度の平均延べ利用者数ではなく、延べ利用者数の減が生じた月の実績を基礎とすることができることとする。

イ　延べ利用者数の減が生じた月の実績が前年度の平均延べ利用者数から5％以上減少している場合、3か月間（※1）、基本報酬の3％の加算を行う（※2）（図1）。
　　現下の新型コロナウイルス感染症の影響による前年度の平均延べ利用者数等から5％以上の利用者減に対する適用に当たっては、年度当初から即時的に対応を行う。

ア・イともに、利用者減の翌月に届出、翌々月から適用。利用者数の実績が前年度平均等に戻った場合はその翌月に届出、翌々月まで。

※1 利用者減に対応するための経営改善に時間を要するその他の特別の事情があると認められる場合は1回の延長を認める。
※2 加算分は区分支給限度基準額の算定に含めない。

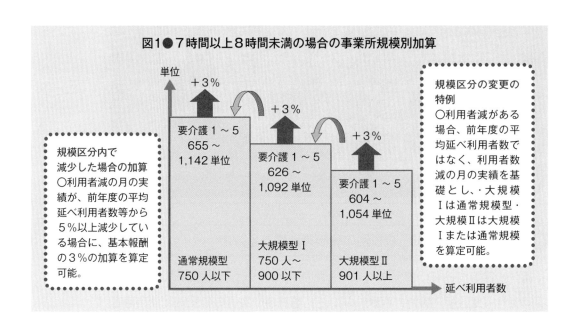

図1●7時間以上8時間未満の場合の事業所規模別加算

単位

+3%

+3%

+3%

要介護1～5
655～
1,142単位

要介護1～5
626～
1,092単位

要介護1～5
604～
1,054単位

通常規模型
750人以下

大規模型Ⅰ
750人～
900以下

大規模型Ⅱ
901人以上

延べ利用者数

規模区分内で
減少した場合の加算
○利用者減の月の実
績が、前年度の平均
延べ利用者数等から
5％以上減少してい
る場合に、基本報酬
の3％の加算を算定
可能。

規模区分の変更の
特例
○利用者減がある
場合、前年度の平
均延べ利用者数で
はなく、利用者数
減の月の実績を基
礎とし、・大規模
Ⅰは通常規模型・
大規模Ⅱは大規模
Ⅰまたは通常規模
を算定可能。

◉ 認知症介護基礎研修の受講の義務づけ

　認知症についての理解のもと、本人主体の介護を行い、認知症の人の尊厳
の保障を実現していく観点から、介護に関わる全ての人の認知症対応力を向
上させていくため、介護サービス事業者に、介護に直接携わる職員のうち、
医療・福祉関係の資格を有さない者について、認知症基礎研修を受講させる
ために必要な措置を講じることが義務づけられます。その際、3年の経過措
置期間が設けられることとなります。なお、認知症基礎研修については、質
を確保しつつ、eラーニングの活用等により受講しやすい環境整備が行われ
ることとなります。

◉ 通所介護における地域等との連携強化

　通所介護について、利用者の地域における社会参加活動や地域住民との交
流を促進する観点から、地域密着型通所介護等と同様に、その事業の運営に
当たって、地域住民やボランティア団体等との連携および協力を行う等の地
域との交流に努めなければなりません。

　このほか個別機能訓練加算、入浴介助加算、口腔機能向上への取り組み、
ADL維持等加算が見直されています。

⬠ 居宅サービス

通所・訪問リハビリ

リハビリテーションマネジメント加算の見直し

通所リハビリの基本報酬の再編成は見送り、月額報酬制は次期改定へ先送り？

退院・退所直後の訪問リハビリテーションの充実

● リハビリテーションマネジメント加算（Ⅰ）を基本報酬に包括

　報酬体系の簡素化と事務負担軽減の観点から算定率の高いリハビリテーションマネジメント加算（Ⅰ）を廃止し、同要件を基本報酬の要件として評価することとなりました。

　そもそも、リハビリテーションを提供する場合は、リハビリテーションマネジメントを実施することは必須であると以前より認識されているため、基本報酬に包括化されることは当然のことでしょう。

● リハビリテーションマネジメント加算（Ⅱ）（Ⅲ）評価の見直し

　通所リハビリと訪問リハビリにおけるリハビリテーションマネジメント加算の評価との整合性を図る観点からリハビリテーションマネジメント加算（Ⅱ）および（Ⅲ）の評価が見直されます。

● リハビリテーションマネジメント加算（Ⅱ）および（Ⅲ）で事業者が CHASE・VISIT 提出することを評価

　2021（令和 3）年度からの CHASE・VISIT の一体的な運用に伴い、リハビリテーションマネジメント加算（Ⅳ）が廃止されます。定期的なリハビリテーション会議によるリハビリテーション計画の見直しが要件とされ

ているリハビリテーション加算（Ⅱ）（Ⅲ）それぞれにおいて、事業所が
CHASE・VISIT へデータを提出しフィードバックを受け、PDCA サイクル
を推進されることが評価されます。

● CHASE・VISIT にデータを提出する場合の必須項目と任意項目を定める

　　CHASE・VISIT への利用者情報の入力負担軽減およびフィードバックに
適するデータ優先的に収集する観点から、リハビリテーション実施計画の項

図1●CHASE・VISITへのデータ提出内容の見直し（案）

○ リハビリテーション計画書の項目について、CHASE・VISIT へのデータ提供の必須項目を定めてはどうか。また様式1および様式3〜5については CHASE・VISIT へのデータ提出を任意としてはどうか。

現　行	見直し案
・様式1：興味・関心チェックシート ・様式3：リハビリテーション会議録 ・様式4：プロセス管理票 ・様式5：生活行為向上リハビリテーション 　　　　実施計画	**提出は任意とする。**

現行	見直し案
・様式2−1（リハビリテーション計画書） ・様式2−2（リハビリテーション計画書） （入力項目） 　・原因疾患、合併疾患 　・本人家族の希望 　・治療経過 　・これまでのリハビリテーションの実施状況 　・心身機能 　・ADL 　・IADL 　・基本動作 　・目標 　・具体的支援内容 　・社会参加の状況 　・サービス提供中の具体的対応 　・担当職種　等 ※下線の項目は自由記述。 　目標、具体的支援内容についてはコードあり。 ※原則、該当項目を全て入力することとされて 　いる。	・様式2−1（リハビリテーション計画書） ・様式2−2（リハビリテーション計画書） （必須項目） 　・原因疾患、合併疾患 　・心身機能 　・ADL 　・IADL 　・基本動作 　・目標 　・具体的支援内容 　・担当職種等 （任意項目） 　・本人家族の希望 　・治療経過 　・これまでのリハビリテーションの実施状況 　・社会参加の状況 　・サービス提供中の具体的対応　等

（整理）

厚生労働省：第193回社会保障審議会介護給付費分科会　資料9（2020年11月19日）より

目について、CHASE・VISIT にデータ提供する場合の必須項目と任意項目を定めることが見直し案として示されました(図1)。

会議における ICT の活用

リハビリテーションマネジメント加算の算定要件である「定期的な会議の開催」については、利用者の了解を得た上でテレビ電話等の対面を伴わない方法により開催することが可能となります。

社会参加支援加算の見直し

算定要件である、社会参加への移行状況の計算式と、リハビリテーションの利用回転率について、実情に応じて見直すことになりました。リハビリ修了者への一定期間内に居宅訪問により社会参加への移行が 3 カ月以上継続する見込みであることを確認、記録する現行の算要件が簡素化され、終了日から 1 カ月後の移行状況を電話などで確認することとなりました。また、移行を円滑に進める観点から、リハビリテーション計画書を移行先事業所に提供することが算定要件に加えられます。合わせて加算の名称が「移行支援加算」へ変更されます。

通所リハビリの包括的評価による月単位報酬体系の創設は見送り

通所リハビリテーションでは、基本報酬が大きく再編成されることが議論されました。新たな介護報酬体系（月単位報酬体系）のイメージとして「心身機能・活動・参加に資する維持・改善等の取り組み状況」「リハビリテーションマネジメント加算（Ⅱ）以上および認知症短期集中リハビリテーション実施加算の算定率」「リハビリテーション専門職等の配置状況」「中重度者・認知症者の受入状況」などに着目した月単位の報酬体系が示されました（図2）。また、サービス提供時間区分がどのように見直されるかも注目され、現行の日単位報酬体系を残しつつ、希望する事業者が新たな報酬体系に移行できる選択制となる方向性で検討されていましたが、今回は見送りとなりました。

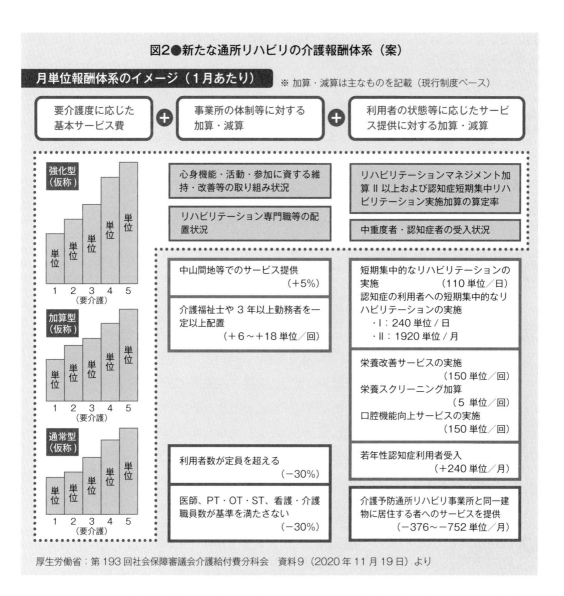

図2●新たな通所リハビリの介護報酬体系（案）

月単位報酬体系のイメージ（1月あたり）　※加算・減算は主なものを記載（現行制度ベース）

要介護度に応じた
基本サービス費
＋
事業所の体制等に対する
加算・減算
＋
利用者の状態等に応じたサービ
ス提供に対する加算・減算

強化型
（仮称）

心身機能・活動・参加に資する維
持・改善等の取り組み状況

リハビリテーションマネジメント加
算Ⅱ以上および認知症短期集中リハ
ビリテーション実施加算の算定率

リハビリテーション専門職等の配
置状況

中重度者・認知症者の受入状況

加算型
（仮称）

中山間地等でのサービス提供
（＋5％）

短期集中的なリハビリテーションの
実施　　　　　　　　（110単位／日）
認知症の利用者への短期集中的なリ
ハビリテーションの実施
・Ⅰ：240単位／日
・Ⅱ：1920単位／月

介護福祉士や3年以上勤務者を一
定以上配置
（＋6～＋18単位／回）

栄養改善サービスの実施
（150単位／回）
栄養スクリーニング加算
（5単位／回）
口腔機能向上サービスの実施
（150単位／回）

通常型
（仮称）

利用者数が定員を超える
（－30％）

若年性認知症利用者受入
（＋240単位／月）

医師、PT・OT・ST、看護・介護
職員数が基準を満たさない
（－30％）

介護予防通所リハビリ事業所と同一建
物に居住する者へのサービスを提供
（－376～－752単位／月）

厚生労働省：第193回社会保障審議会介護給付費分科会　資料9（2020年11月19日）より

　月単位報酬体系は今回見送られましたが、介護報酬の傾向として将来的に
は通所リハビリのみならず通所介護を含めた月単位報酬体系に一本化される
ことが予想されます。次期2024年の改定まで注意深く見守っていく必要
があると考えます。

◉ 生活行為向上リハビリテーション実施加算の変更

　1％未満の算定率が問題視されているこの加算は、利用者の経済的負担が
大きいことや加算期間が6カ月間で終了することの理解が得られないこと

が理由として考えられています。そこで、①加算算定後に継続利用する場合の6カ月間の減算を廃止、②3カ月以内と3カ月以上6カ月以内で段階的になっている単位数を単一（現行の3カ月以内より低く設定）にすることになります。また、活動と参加を促す観点から、利用者の要件や取り組みの内容などを改めて検討する方向性です。

リハビリテーション計画の作成に係る診療未実施減算

訪問リハビリ事業所医師の診察が未実施の場合、「適切な研修」を終了した別の医療機関の診察があれば、20単位減算した基本報酬を算定できる措置について、①2021年3月31日までとされている適用猶予期間が3年間延長され、②減算幅は20単位から50単位に拡大されます。

退院・退所直後のリハビリテーションの充実

1週間に6回を限度として算定が認められている訪問リハビリについて、退院・退所直後のリハビリテーションの充実を図る観点から、退院・退所に日から起算して3カ月の利用者に対しては、診療報酬の例も参考に週12回までの算定が可能となります。

入浴介助加算が2区分に再編

利用者が自宅において、自身または家族等の介助によって入浴を行うことができるよう、利用者の身体状況や医師・理学療法士・作業療法士・介護支援専門員などが訪問により把握した利用者宅の浴室の環境を踏まえた個別の入浴計画を作成し、同計画に基づき事業所において個別の入浴介助を行うことを評価する新たな区分が設けられます。これまでと同じ体制で入浴介助を行う事業所は減収となります。

また、近年の受給者数や利用期間および利用者のADLなどを踏まえ、適切なサービス提供とする観点から、介護予防サービスにおける訪問および通所リハビリテーションについて、利用開始から一定期間が経過（12カ月超）した後の減算が行われます。

⬠ 居宅サービス

訪問看護

医療ニーズのある要介護者を支えるための加算の見直し

看護体制強化加算はマイナス改定に

◉ 介護報酬改定の主な内容

　訪問看護の基本報酬は、ほぼすべての報酬体系でわずか1〜3単位のアップにとどまりました(**表1**)。また、PT・OT・STの訪問は4単位も下がりました。一方、病院からのリハビリ提供（訪問リハビリテーション費）は、307単位（15単位もアップ）となり、訪問看護からのリハビリ提供とは逆転した上に、14単位も差がつきました。背景には訪問看護でのリハビリ提供を減らして病院等からの提供に切り替えていきたいという意図があります。

◉ 加算等の新設と改定

新設 **介護予防訪問看護の長期間リハビリの減算**

●リハビリ職が1年を超えて提供した場合は、1回につき5単位を減算。

表1 ●訪問看護・介護予防訪問看護の基本報酬 ※（ ）内は前回報酬との比較

所要時間等	訪問看護費		介護予防訪問看護費	
	訪問看護ST	病院・診療所	訪問看護ST	病院・診療所
20分未満	313単位（1↑）	265単位（1↑）	302単位（1↑）	255単位（1↑）
30分未満	470位（1↑）	398単位（1↑）	450単位（1↑）	381単位（1↑）
30〜1時間未満	821単位（2↑）	573単位（2↑）	792単位（2↑）	552単位（2↑）
1〜1時間半未満	1,125単位（3↑）	842単位（3↑）	1,087単位（3↑）	812単位（2↑）
リハビリ訪問（1回）	293単位（4↓）	－	283単位（4↓）	－

※定期巡回・随時対応型事業所と連携して訪問看護を行う場合　2,954単位（9単位↑）

54

新設 **リハビリ職の訪問看護の対象者の厳格化**
- 対象者の範囲に「通所リハのみでは家屋内における ADL の自立が困難である場合」を追加する。

新設 **サービス提供体制強化加算**
- 現行の勤続年数要件の区分に加えて、より長い勤続年数で設定した要件による新たな区分を設ける。

変更 **退院・退所当日の訪問の算定が可能**
- 現行、特別管理加算の対象者のみ認められているが、その他の場合でも主治医が必要と認める場合に退院・退所当日の算定を可能とする。

◉ 看護体制強化加算の見直し

医療ニーズのある要介護者等の在宅療養を支える環境を整える観点や、訪問看護の機能強化を図る観点から、以下の見直しが行われました。

加算の要件である、①前6カ月の緊急時訪問看護加算の算定利用者が50％以上、②前6カ月の特別管理加算の算定利用者が30％以上、③前12カ月でターミナルケア加算の算定利用者が5人以上（加算Ⅱは1人以上）のうち、②について特別管理加算の算定割合が「20％以上」に緩和されます。それに伴い加算単位数が引き下げられます。

併せて、訪問看護の提供に当たる職員のうち、「看護職員を6割以上」とすることを要件に、以下が追加されます。ただし2年の経過措置期間が設けられています。

- 看護体制強化加算（Ⅰ）550単位／月（50単位↓）
- 看護体制強化加算（Ⅱ）200単位／月（100単位↓）
- 介護予防訪問看護・看護体制強化加算 100単位／月（200単位↓）

◉ リハビリ職の回数制限

訪問看護の機能強化を図る観点から、理学療法士等によるサービス提供の状況や、他のサービス等との役割分担も踏まえて、理学療法士・作業療法士・言語聴覚士が行う訪問看護および介護予防訪問看護について、評価や提供回数等の見直しを行いました(図1)。

これにより、リハビリ職が1日に2回を超えた場合、1回につき50%の減算となりました（以前は90%）。

図1●訪問看護の機能強化のためのリハ職の単位見直し

【報酬】

	現行		改定後
〈訪問看護〉			
理学療法士、作業療法士または言語聴覚士による訪問	297単位／回	➡	293単位／回
〈介護予防訪問看護〉			
理学療法士、作業療法士または言語聴覚士による訪問	287単位／回	➡	283単位／回
理学療法士等が1日に2回を超えて指定介護予防訪問看護を行った場合	1回につき100分の90に相当する単位数を算定	➡	1回につき100分の50に相当する単位数を算定

新設 理学療法士等が利用開始日の属する月から12月超の利用者に指定介護予防訪問看護を行った場合は、1回につき5単位を減算する。

〔算定要件〕
・理学療法士等が行う訪問看護については、その実施した内容を訪問看護報告書に添付することとする。
・対象者の範囲について、理学療法士等が行う訪問看護については、訪問リハビリテーションと同様に「通所リハのみでは家屋内におけるADLの自立が困難である場合」を追加する。

　その他、処遇改善加算の職場環境要件の見直しや特定処遇改善加算の見直し、各種書類への利用者の押印廃止などがありますが、共通の項で解説しているので、チェックしておきましょう。

短期入所生活介護

慢性的な人材不足に対応するため看護職員に係る配置基準の見直し

生活機能向上連携加算の見直し

今回の改正の論点

　論点としては、看護職員の配置と生活機能向上連携加算でしたが、意見としては、以下の点についてもあがっていました。

● 他の介護サービス事業所や医療機関、家族等との連携について評価することを検討すべき。

● 中重度者や認知症の方の受入、緊急入所受入などは加算で手厚く評価をするべきではないか。短期入所生活介護で、30日を超えている例もあるが、本来の役割と理念に立ち返り、対応を検討すべき。

● 自立支援に資する取り組みの実施や、医療との連携によるサポートを行うことで、中重度の方でもショートと在宅を行き来できるようにするべき。

看護職員に係る配置基準の見直し

　短期入所生活介護における看護職員の配置基準について、看護職員の確保が困難な状況がある中で、人材を有効活用しながら、医療的ケアを行う体制の充実を図ります。

　また、看護職員を配置しなかった場合であっても、医療的ケアの必要な利用者への対応の充実を図るため、看護職員を病院、診療所または訪問看護ステーション等との密接かつ適切な連携により確保しましょう。

● 生活機能向上連携加算の見直し

生活機能向上連携加算について、算定率が低い状況を踏まえ、外部のリハビリテーション専門職等との連携の促進を行います。

● ICTの活用等により、外部のリハビリテーション専門職等が事業所を訪問せずに、利用者の状態を適切に把握し助言した場合について評価する区分を新たに設ける。

● カンファレンスについて利用者・家族も参加するサービス担当者会議の前後に、時間を明確に区分した上で実施するサービス提供責任者およびリハビリテーション専門職等によるカンファレンスでも差し支えないことを明確化する。

● 外部のリハビリテーション専門職等の連携先を見つけやすくするため、生活機能向上連携加算の算定要件上、連携先となり得る訪問・通所リハビリテーション事業所が任意で情報を公表するなどの取り組みを進める（図1）。

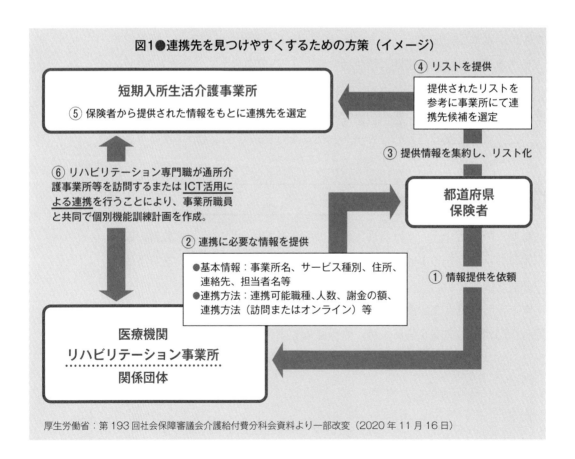

図1●連携先を見つけやすくするための方策（イメージ）

短期入所生活介護事業所
⑤ 保険者から提供された情報をもとに連携先を選定

④ リストを提供
提供されたリストを参考に事業所にて連携先候補を選定

③ 提供情報を集約し、リスト化

都道府県
保険者

⑥ リハビリテーション専門職が通所介護事業所等を訪問するまたはICT活用による連携を行うことにより、事業所職員と共同で個別機能訓練計画を作成。

② 連携に必要な情報を提供
- 基本情報：事業所名、サービス種別、住所、連絡先、担当者名等
- 連携方法：連携可能職種、人数、謝金の額、連携方法（訪問またはオンライン）等

① 情報提供を依頼

医療機関
リハビリテーション事業所
関係団体

厚生労働省：第193回社会保障審議会介護給付費分科会資料より一部改変（2020年11月16日）

　短期入所生活介護においては、胃ろう、カテーテルの管理、痰の吸引など
を行う看護職員が必要ですが、約4割の事業所が採用困難と感じているた
めに、人材の有効活用が必要となっています。

　今回は変わりがありませんでしたが、今後30日以上サービスを利用する
利用者について何らかの対策がとられることが予測されます。

⬠ 居宅サービス

短期入所療養介護

ここが Point

医療ニーズへの対応を強化

緊急時の受け入れを推進

かかりつけ医への情報提供が評価

◉ 緊急時の受け入れや医療ニーズの高い利用者への対応

　短期入所療養介護は、介護老人保健施設、療養病床を有する病院、有床診療所、介護医療院でサービスが提供されています。

　サービスを提供している事業所数はほぼ横ばいで、介護老人保健施設では80％以上、介護医療院では30％の事業所が実施しているのに対し、療養病床を有する病院では3％程度、有床診療所では1％しか実施されていません。利用者数も減少傾向にあり、医療機関における短期入所療養介護の実施のほか、短期入所療養介護における緊急時の受け入れが「7日以内」の利用しか認められていないことなどが課題とされてきました。

　こうした中、医療ニーズの高い利用者への対応や緊急時の受け入れなど、在宅の限界点を高めていくための短期入所療養介護のあり方が検討されてきました。

◉ 医療ニーズのある利用者、緊急時の宿泊ニーズに対応

　かかりつけ医に情報提供を行う総合的な医学管理への評価や緊急宿泊ニーズへの対応、看取り期のケアの充実など、医療ニーズの高い利用者へ対応するための多角的な見直しが行われます（図1）。

▶かかりつけ医への情報提供する医学管理を評価する「総合医学管理加算」が創設

　介護老人保健施設が提供する短期入所療養介護について、短期入所生活介護と利用目的や提供サービスが類似している状況があるため、基本報酬が見

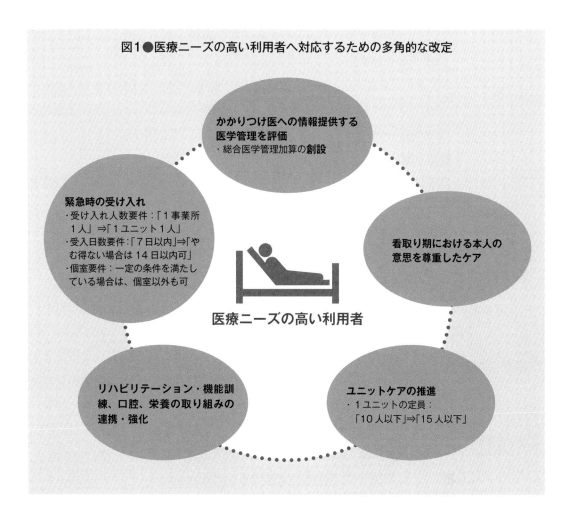

図1●医療ニーズの高い利用者へ対応するための多角的な改定

かかりつけ医への情報提供する
医学管理を評価
・総合医学管理加算の創設

看取り期における本人の
意思を尊重したケア

緊急時の受け入れ
・受け入れ人数要件：「1事業所
 1人」⇒「1ユニット1人」
・受入日数要件：「7日以内」⇒「や
 む得ない場合は14日以内可」
・個室要件：一定の条件を満たし
 ている場合は、個室以外も可

医療ニーズの高い利用者

ユニットケアの推進
・1ユニットの定員：
 「10人以下」⇒「15人以下」

リハビリテーション・機能訓
練、口腔、栄養の取り組みの
連携・強化

直しされます。また、医療ニーズのある利用者の受け入れの促進と介護老人
保健施設での在宅療養支援機能の推進の観点から、医師が診療計画に基づ
き必要な診療、投薬、検査等を行い、退所時にかかりつけ医に情報提供を
行う総合的な医学的管理を評価する新たな加算として、「総合医学管理加算
275単位／日」が創設されます。

▶緊急時の宿泊ニーズへの対応の充実

　在宅高齢者の緊急時の宿泊ニーズを受け止めることができるようにする観
点から、以下の要件の見直しが行われます。

①「1事業所1人まで」とされている受け入れ人数の要件について、利用者
　へのサービスがユニット単位で実施されていることを踏まえ、「1ユニッ
　ト1人まで」に見直しされます。

②「7日以内」とされている受入日数の要件について、「7日以内を原則と

して、利用者家族の疾病等やむを得ない事情がある場合には14日以内」に見直しされます。

③ 「個室」とされている利用可能な部屋の要件について、「おおむね7.43m²／人でプライバシーの確保に配慮した個室的なしつらえ」が確保される場合には、個室以外も認められます。

▶看取り期における本人の意思を尊重したケアの充実

看取り期の本人・家族との十分な話し合いや他の関係者との連携を一層充実させる観点から、看取り関係の加算の算定要件に、「人生の最終段階における医療・ケアの決定プロセスに関するガイドライン」等の内容に沿った取り組みを行うことを求められます。

▶リハビリテーション・機能訓練、口腔、栄養の取り組みの連携・強化

リハビリテーション・機能訓練、口腔、栄養の取り組みを一体的に運用し、自立支援・重度化防止を効果的に進める観点から、以下の見直しが行われます。

① リハビリ・機能訓練、口腔、栄養に関する加算等の算定要件とされている計画作成や会議について、リハ専門職、管理栄養士、歯科衛生士が必要に応じて参加することが明確化されます。

② リハビリ・機能訓練、口腔、栄養に関する各種計画書（リハビリ計画書、栄養ケア計画書、口腔機能向上サービスの管理指導計画・実施記録）について、重複する記載項目を整理するとともに、それぞれの実施計画を一体的に記入できる様式が設けられます。

▶多職種連携における管理栄養士の関与の強化

介護老人保険施設で多職種が連携して行う取り組みについて、管理栄養士の役割や関与を強化する観点から、以下の見直しが行われます。

① 介護保険施設での看取り対応に関連する加算（看取り介護加算、ターミナルケア加算）、または基本報酬の算定要件に、関与する専門職として管理栄養士が明記されます。

② 褥瘡マネジメント加算、褥瘡対策指導管理の算定要件に、関与する専門職として管理栄養士が明記されます。

▶個室ユニット型施設の設備・勤務体制の見直し

ケアの質を維持しつつ、人材確保や職員定着を目指し、ユニットケアを推進する観点から以下のような見直しがされます。

① 1ユニットの定員を、夜間および深夜を含めた介護・看護職員の配置の

実態を勘案して職員を配置するよう努めることを求めつつ、**現行の「お
おむね 10 人以下」から「原則としておおむね 10 人以下とし、15 人を
超えないもの」に見直しがされます。**

② ユニットリーダーについて、原則常勤を維持しつつ、仕事と育児や介護
との両立が可能となる環境整備を進め、離職防止・定着促進を図る観点
から、人員配置基準や報酬算定について、両立支援への配慮がなされます。

③ ユニット型個室的多床室（ユニット型準個室）について、感染症やプラ
イバシーに配慮し、個室化を進める観点から、新たに設置することが禁
止されます。

◉ 認知症専門ケア加算等の見直し

算定要件の 1 つである、認知症ケアに関する専門研修［同加算（Ⅰ）は認
知症介護実践リーダー研修、同加算（Ⅱ）は認知症介護指導者養成研修、認
知症加算は認知症介護指導者養成研修、認知症介護実践リーダー研修、認知
症介護実践者研修］を修了した者の配置について、認知症ケアに関する専門
性の高い看護師（認知症看護認定看護師、老人看護専門看護師、精神看護専
門看護師および精神科認定看護師）が加算の配置要件の対象に加わります。
また、上記の専門研修については、e ラーニングの活用等による受講しやす
い環境整備が行われます。

◉ サービス提供体制強化加算の見直し

より介護福祉士の割合が高い、または勤続年数が 10 年以上の介護福祉士
の割合が一定以上の事業者を評価する新たな区分が設けられます。また、勤
続年数要件について、より長い勤続年数の設定に見直すとともに、介護福祉
士の割合要件の下位区分、常勤職員割合要件による区分、勤続年数要件によ
る区分を統合し、いずれかを満たすことを求める新たな区分が設定されます。

◉ 基準費用額の見直し

介護老人保険施設での食費の基準費用額について、「令和 2 年度介護事業経

営実態調査結果」から算出した介護保険施設の食費の平均的な費用の額との差の状況を踏まえ、利用者負担への影響も勘案しつつ、必要な対応が行われます。

> **基準費用額（食費）**
> 〈現行〉1,392 円／日 ⇒ 〈改定後〉1,445 円／日（＋ 53 円）
> ※ 2021（令和 3）年 8 月施行

🔘 災害への地域と連携した対応の強化

災害への対応は、地域との連携が不可欠であることを踏まえ、非常災害対策（計画策定、関係機関との連携体制の確保、避難等訓練の実施等）が求められる介護サービス事業者を対象に、小規模多機能等の例を参考に、訓練の実施に当たって、地域住民の参加が得られるよう連携に努めることが求められます。

🔘 通院等乗降介助について

通院等乗降介助について、利用者の居宅が始点または終点となる場合、目的地間の移送に対し、同一訪問介護事業所が行うことを条件に通院等乗降介助が算定できるようになります。また、目的地に短期入所系サービスがある場合は、同サービスの送迎加算は算定できません。

⬠ 居宅サービス

福祉用具貸与・特定福祉用具販売

上限価格の見直し頻度を「3年に1度」へ緩和

退院・退所のカンファレンスへの福祉用具専門相談員の参画促進

💠 価格見直し頻度は3年に1度に

福祉用具は2018（平成30）年10月から、商品ごとに全国平均貸与価格の公表および貸与価格の上限を設けていました。設定された上限価格等は施行後の実態も踏まえつつ、概ね1年に1度の頻度で見直しを行うこととしていました。

しかし、2020（令和2）年6月に開催した第177回介護給付費分科会において、事業所負担が大きいこと等から他のサービスと同様3年に1度の頻度で見直しを行うこととなりました。

今回の2021年度の介護報酬改定に合わせ2021年4月貸与分から適用する価格を見直した上で、その後、3年に1度の頻度で上限価格等を設けることになりました。新商品（月平均100件以上の貸与件数がある商品）については、これまで通り3カ月に1度の頻度で上限価格の設定を行うことになります。

福祉用具の全国平均貸与価格・貸与価格の上限を公表し、福祉用具専門相談員が利用者に対し説明することを義務づけています。そうすることによって利用者が製品や事業者を適切に選択できるようにすることが目的です。

💠 商品の機能や価格帯の異なる複数の商品を提示する

2018（平成30）年の改定のときのおさらいになりますが、利用者が適切な福祉用具を選択できる観点から、以下の3点が福祉用具専門相談員に義務化されます。

① 貸与しようとする商品の特徴や貸与価格に加え、当該商品の全国平均価格を利用者に説明すること

② 機能や価格帯の異なる複数の商品を利用者に提示すること

③ 利用者の交付する福祉用具貸与計画書をケアマネジャーにも交付すること

◉ 退院・退所時には専門多職種とカンファレンスを

　退院・退所時のカンファレンスは利用者の身体的な面、精神的な面そして在宅でどのような生活を目標にしているか等が話し合われます。利用者の望む生活を実現するために福祉用具専門相談員と介護支援専門員は連携し、適切な福祉用具を提案することで生活の質を向上させる重要な役割を担っていると言えるでしょう（図1）。

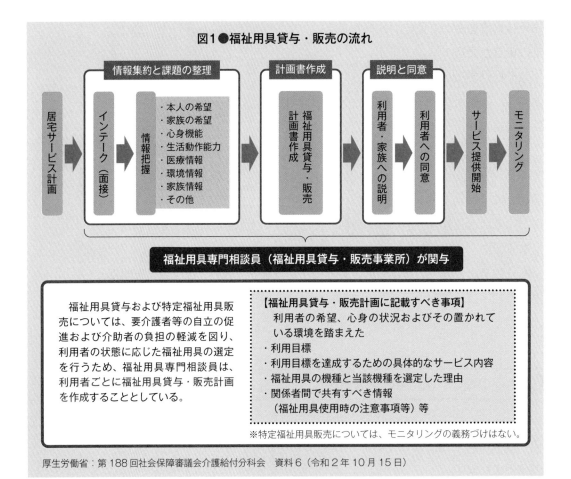

図1●福祉用具貸与・販売の流れ

厚生労働省：第188回社会保障審議会介護給付分科会　資料6（令和2年10月15日）

表1●退院・退所時のカンファレンスにおける福祉用具専門相談員等の参画促進

利用者に係る情報提供の回数	単位数（変更なし）
1回（カンファレンス以外の方法により実施）	（Ⅰ）イ 450単位
1回（カンファレンスにより実施）	（Ⅰ）ロ 600単位
2回以上（カンファレンス以外の方法により実施）	（Ⅱ）イ 600単位
2回（うち1回以上はカンファレンスを実施）	（Ⅱ）ロ 750単位
2回以上（うち1回以上はカンファレンスを実施）	（Ⅲ）900単位

※退院・退所後に福祉用具の貸与が見込まれる場合は、必要に応じ、カンファレンスに福祉用具専門相談員や居宅サービスを提供する作業療法士等が参加することを要件とする。
厚生労働省：第199回社会保障審議会介護給付費分科会参考資料より抜粋

　退院・退所時のスムーズな福祉用具貸与の利用を図る観点から、居宅介護支援の退院・退所加算や施設系サービスの退所時の支援に係る加算において求められる退院・退所時のカンファレンスについて、退院・退所後に福祉用具の貸与が見込まれる場合には、必要に応じ、福祉用具専門相談員や居宅サービスを提供する作業療法士等が参画してもらうことで、スムーズに在宅生活が送ることができるでしょう（表1）。

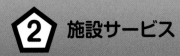

介護老人福祉施設
（特別養護老人ホーム）

ここが
Point

人材確保や職員定着の観点から働き方改革を推進する

ユニットの定員を緩和し、ユニットリーダーに必ずしも常勤を求めない

看取り期における本人・家族との十分な話し合いや連携をさらに充実させる

◉ 今回の改定の論点

　今回の改定では、勤務体制や看取り期における本人の意思の確認といったことが焦点となりました。また、他のサービス同様特養においてもビッグデータを用いた全身機能の維持向上が、今までに加え評価の対象とされています。

　特別養護老人ホームは全国に約1万カ所あり、6万人を超える方が暮らしています。近年、要介護3以上の方が増加し、看取りを行うことも少なくありません。その中で、今回の改正は以下の6点を中心に論じられました。

▶人材の活用（人員配置基準）

① 個室ユニット型施設の設備

② 勤務体制

③ 中重度者や看取り介護保険施設のリスクマネジメント

④ 高齢者虐待防止の推進

⑤ 小規模特養の基本報酬論

　このうち①と③の2点は人員基準等に関わることのため、人材不足に対して特に注目が集まっていることがわかります。

人材活用と個室ユニットケアにおけるケアの質

施設系サービスおよび短期入所系サービスにおける個室ユニット型施設については、下記の通りです。

- 1ユニットの定員を、現行の「おおむね10人以下」から「**原則としておおむね10人以下とし、15人を超えないもの**」とする。
- ユニットリーダーについて、原則常勤を維持しつつ、仕事と育児や介護との両立が可能となる環境整備を進め、離職防止・定着促進を図る観点から、人員配置基準や報酬算定について、両立支援への配慮に係る見直しを行う。
- ユニット型個室的多床室について、感染症やプライバシーに配慮し、個室化を進める観点から、新たに設置することを禁止する。

看取りへの対応の充実

▶看取り期における本人の意思を尊重したケアの充実

看取り期における医療・ケアについては、本人・家族との十分な話し合いや他の関係者との連携を一層充実させ、本人の意思決定を基本として進めることが求められています。看取りに係る加算の算定要件においては「**人生の最終段階における医療・ケアの決定プロセスに関するガイドライン**」（図1）等の内容に沿った取り組みを行います。

看取り介護加算について、以下の見直しを行います。

① 看取り期における本人・家族との十分な話し合いや他の関係者との連携を一層充実させる。

② 要件における看取りに関する協議等の参加者として、**生活相談員を明記する**。

③ 算定日数期間を超えて看取りに係るケアを行っている実態があることを踏まえ、現行の死亡日以前30日前からの算定に加えて、それ**以前の一定期間**の対応について、新たに評価する区分を設ける。

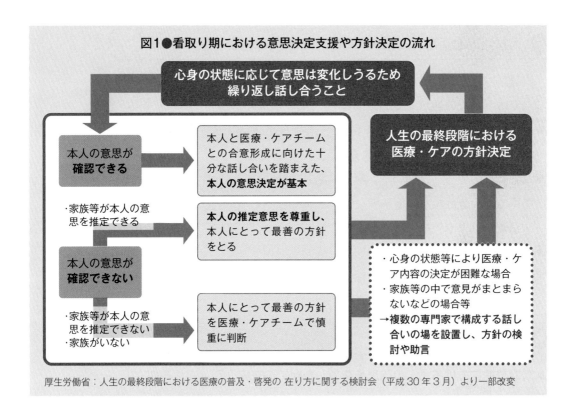

図1●看取り期における意思決定支援や方針決定の流れ

心身の状態に応じて意思は変化しうるため
繰り返し話し合うこと

本人の意思が**確認できる** → 本人と医療・ケアチームとの合意形成に向けた十分な話し合いを踏まえた、**本人の意思決定が基本**

・家族等が本人の意思を推定できる → **本人の推定意思を尊重し、**本人にとって最善の方針をとる

本人の意思が**確認できない**

・家族等が本人の意思を推定できない
・家族がいない → 本人にとって最善の方針を医療・ケアチームで慎重に判断

人生の最終段階における医療・ケアの方針決定

・心身の状態等により医療・ケア内容の決定が困難な場合
・家族等の中で意見がまとまらないなどの場合等
→**複数の専門家で構成する話し合いの場を設置し、方針の検討や助言**

厚生労働省：人生の最終段階における医療の普及・啓発の 在り方に関する検討会（平成30年3月）より一部改変

自立支援・重度化防止の取り組みの推進

▶生活機能向上連携加算

ICTの活用等を活用し、外部のリハビリテーション専門職等が訪問せずに、利用者の状態を適切に把握し助言した場合について評価する区分が新たに設けられます。

▶個別機能訓練加算

CHASE・VISIT（LIFE）へのデータ提出とフィードバックの活用による、さらなるPDCAサイクルの推進・ケアの向上を図ることを評価する新たな区分が設けられます。

▶栄養ケア・マネジメントの充実

栄養マネジメント加算を廃止し、栄養ケア・マネジメントを基本サービスとして行うこととします。

▶その他の加算の主な見直しの傾向

他のサービス同様にLIFEを活用し、PDCAサイクルを的確に回し、重度化予防が求められます。また、その際の他職種との連携も評価されます。

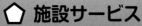

介護老人保健施設

- 在宅復帰機能がさらに強化

- 寝たきりの防止や重度化防止の取り組みを評価

- 口腔・栄養の取り組み、連携の強化

- 看取り機能の強化

- リスクマネジメントの強化

◉ 在宅復帰・在宅支援機能のさらなる推進の検討

　介護老人保健施設は、超強化型、強化型、加算型、基本型、その他型の5種類に分かれており、在宅復帰・在宅支援機能が高い施設がより評価される仕組みができています。

　超強化型は2018年5月の7.4%から2019年11月の短期間で20.6%と増加しており、在宅復帰・在宅支援機能に力を入れる介護老人保健施設が増えています。

　介護老人保健施設のさらなる在宅復帰・在宅支援機能を推進するため、かかりつけ医や居宅介護支援事業所との連携、入所者への医療や看取りニーズへの対応、リスクマネジメントについての検討がされてきました。

◉ 在宅復帰機能の強化、かかりつけ医・居宅介護支援事業所との連携

▶在宅復帰・在宅療養支援機能の評価の充実

　在宅復帰・在宅療養支援等評価指標と要件について、①居宅サービス実施数の指標で、訪問リハビリテーションの比重を高くする、②リハビリテーション専門職配置割合に係る指標について、理学療法士、作業療法士および言語

聴覚士の3職種の配置を評価、③基本型以上で求められているリハビリテーションマネジメントの実施要件について、医師の詳細な指示に基づくリハビリテーションに関する事項が明確化されます。その際、6カ月の経過措置期間が設けられます。

▶かかりつけ医連携薬剤調整加算の見直し

入所時に薬剤の中止または変更の可能性について、かかりつけ医に説明し理解を得る他、入所中に薬剤を変更した場合、変更の経緯・理由や変更後の状態に関する情報を退所時にかかりつけ医と共有することが求められます。また、入所中に薬剤の変更が検討される場合に、より適切な薬物治療が提供されるよう、介護老人保健施設の医師または薬剤師が、関連ガイドライン等を踏まえた高齢者の薬物療法に関する研修の受講が必要となります。入所時・退所時におけるかかりつけ医との連携を前提としつつ、CHASEへのデータ提出とフィードバックの活用によるPDCAサイクルの推進、かかりつけ医と共同して減薬に至った場合は新たに評価されます。

〈改正前〉	〈改正後〉
かかりつけ医連携薬剤調整加算（Ⅰ）125単位 （退所時に1回に限り算定可能）	かかりつけ医連携薬剤調整加算（Ⅰ）100単位 （入所時・退所時におけるかかりつけ医との連携を評価）
	かかりつけ医連携薬剤調整加算（Ⅱ）240単位 （Ⅰに加えて、CHASEを活用したPDCAサイクルの推進を評価）
	かかりつけ医連携薬剤調整加算（Ⅲ）100単位 （Ⅱに加えて、減薬に至った場合の上乗せの評価）

▶所定疾患施設療養費の要件見直し

所定疾患施設療養費について、以下の要件が見直しされます。

① 算定要件に検査の実施が明確化される。（当該検査は、協力医療機関等と連携して行った検査を含む）

② 所定疾患施設療養費（Ⅱ）の算定日数が「連続する7日まで」から「連続する10日まで」に延長される。

③ 対象疾患に「蜂窩織炎（ほうかしきえん）」が追加される。

④ 業務負担軽減の観点から給付費請求明細書の摘要欄の記載が簡素化される。

▶退所前連携加算の見直し

退所前連携加算について、入所前後から入所者が退所後に利用を希望する居宅介護支援事業所と連携し、退所後の介護サービスの利用方針を定めて、現行の加算の要件である退所前の連携の取り組みを行った場合を新たに評価

する区分を加え、「入退所前連携加算」へと見直しされます。

◉ 自立支援・重度化防止に向けた取り組みの推進

▶寝たきり予防・重度化防止のためのマネジメントの推進

　利用者の尊厳の保持、自立支援・重度化防止の推進、廃用や寝たきりの防止等の観点から、医師の関与のもと、リハビリ・機能訓練、介護等を行う取り組みが推進されます。定期的（少なくとも6月に1回）に全ての利用者に対する医学的評価と、それに基づくリハビリや日々の過ごし方等についてのアセスメントを実施します。加えて、ケアマネやその他の介護職員が、日々の生活全般において適切なケアを実施するための計画を策定し、それに基づいて日々のケア等を行う取り組みを評価する新たな加算として「**自立支援促**

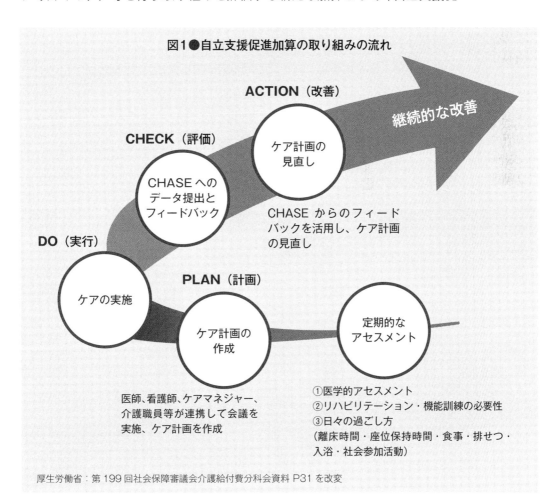

図1●自立支援促進加算の取り組みの流れ

厚生労働省：第199回社会保障審議会介護給付費分科会資料P31を改変

進加算　300 単位／月」が創設されます。図1 に、自立支援促進加算の取り組みの流れを示しました。

● CHASE・VIST 情報の収集・活用と PDCA サイクルの推進

新設 科学的介護推進体制加算

　事業所の全ての利用者に係るデータを CHASE・VISIT（新名称：LIFE）に提出してフィードバックを受け、事業所単位での PDCA サイクル・ケアの質の向上を評価する「科学的介護推進体制加算」が創設されます。また、令和 3 年度より、CHASE・VISIT（LIFE）を一体的に運用するに当たって、科学的介護の理解と浸透を図る観点から、科学的介護情報システム（Long-term care Information system For Evidence：LIFE〔ライフ〕）と統一した名称に変更されます。

新設 リハビリテーションマネジメント計画書情報加算

　自立支援・重度化防止に向けたさらなる質の高い取り組みを促すため、訪問リハビリテーション等と同様に CHASE・VISIT（LIFE）へ、リハビリテーションのデータを提出してフィードバックを受け、PDCA サイクルを推進することを評価する新たな加算として「リハビリテーションマネジメント計画書情報加算」が創設されます。

	〈改正前〉	〈改正後〉
算定要件	排せつ支援加算　100 単位／月 排せつ支援の取り組みを評価 （プロセス評価）	**排せつ支援加算（Ⅰ）10 単位／月** ※排せつ支援の取り組みを評価（プロセス評価） **排せつ支援加算（Ⅱ）15 単位／月** ※（Ⅰ）に加えて排尿・排便の状態の改善、**または、**おむつ使用あり⇒おむつ使用なし（アウトカム評価） **排せつ支援加算（Ⅲ）20 単位／月** ※（Ⅰ）に加えて排尿・排便の状態の改善、**かつ、**おむつ使用あり⇒おむつ使用なし（アウトカム評価）
加算対象	加算対象者	事業所全体（定期的にスクリーニング）
算定期間	6 カ月間	6 カ月以降も算定可
CHASE へのデータ提出とフィードバック活用	なし	あり

◉ 取り組みの評価（プロセス評価）だけでなく状態改善等を評価（アウトカム評価）

今までのサービスの取り組みに対しての評価に加え、改善状況等（アウトカム）を評価するためのケアの見直しが進められます。

▶排せつ支援加算の見直し

排せつ状態の改善が期待できる入所者をもれなく支援していく観点から、排せつ支援加算が見直しされます。

▶褥瘡マネジメント加算の見直し

計画の見直しを含めた施設の継続的な取り組みを評価する観点から、褥瘡マネジメント加算が見直しされます。

	〈改正前〉	〈改正後〉
算定要件	褥瘡マネジメント加算 10 単位／月 ※褥瘡管理の取り組みを評価 （プロセス評価）	**褥瘡マネジメント加算（Ⅰ） 3 単位／月** ※褥瘡管理の取り組みを評価（プロセス評価） **褥瘡マネジメント加算（Ⅱ）13 単位／月** ※（Ⅰ）に加えて、褥瘡リスクがある入所者に褥瘡の発生なし。（アウトカム評価）
算定期間	3 カ月に 1 回を上限	毎月算定可
CHASE へのデータ提出とフィードバック活用	なし	あり

◉ 口腔、栄養の取り組みの連携・強化

より健康的な生活を維持するために栄養ケアの充実、口腔衛生管理の強化が進められます。

▶口腔衛生管理の強化

口腔衛生管理体制加算が廃止され、算定要件を一定緩和した上で、基本サービスとして整備し、入所者ごとの状態に応じた口腔衛生の管理が進められます。

▶栄養ケア・マネジメントの充実

栄養マネジメント加算が廃止され、栄養ケア・マネジメントが基本サービスとして行われるため、現行の栄養士に加えて管理栄養士の配置が位置づけられます。入所者ごとの状態に応じた栄養管理を計画的に行うことが義務づけられます。栄養ケア・マネジメントが実施されていない場合は、基本報酬が減算（14 単位／日減算）されます。また、**低栄養リスクが高い者のみを対象とする低栄養リスク改善加算は廃止され、入所者全員への栄養ケアの実施や栄養ケアに係る体制の充実を評価する新たな加算「栄養マネジメント強**

化加算　11単位／日」へ見直しされます。

▶多職種連携における管理栄養士の関与の強化

　介護保険施設で多職種が連携して行う取り組みについて、管理栄養士の役割や関与を強化する観点から、以下の見直しが行われます。

① 介護保険施設での看取り対応に関連する加算（看取り介護加算、ターミナルケア加算）、または基本報酬の算定要件に、関与する専門職として管理栄養士が明記されます。

② 褥瘡マネジメント加算、褥瘡対策指導管理の算定要件に、関与する専門職として管理栄養士が明記されます。

◗ 看取り機能の充実

▶ターミナルケア加算の見直し（図2）

　中重度者や看取りへの対応の充実を図る観点から、ターミナルケア加算について、以下の見直しが行われます。

① 要件に「人生の最終段階における医療・ケアの決定プロセスに関するガイドライン」等の内容に沿った取り組みを行うことが求められる。

② 要件での看取りに関する協議等の参加者に支援相談員が明記される。

③ 現行の死亡日以前30日前からの算定に加えて、**死亡日以前45日前か**

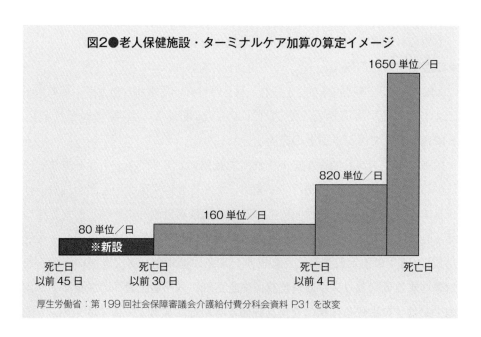

図2●老人保健施設・ターミナルケア加算の算定イメージ

1650単位／日

820単位／日

160単位／日

80単位／日
※新設

死亡日
以前45日　　死亡日
以前30日　　死亡日
以前4日　　死亡日

厚生労働省：第199回社会保障審議会介護給付費分科会資料 P31を改変

らの対応について新たに評価する区分が設けられる。（死亡日以前 31 日
〜 45 日以下　介護老人保健施設：80 単位／日）

認知症専門ケア加算等の見直し

　算定要件の 1 つである、認知症専門ケア加算（Ⅰ）は認知症介護実践リー
ダー研修、同加算（Ⅱ）は認知症介護指導者養成研修、認知症加算は認知症
介護指導者養成研修、認知症介護実践リーダー研修、認知症介護実践者研修
を修了した者の配置について認知症ケアに関する専門性の高い看護師（認知
症看護認定看護師、老人看護専門看護師、精神看護専門看護師および精神科
認定看護師）が加算の配置要件の対象に加わります。また、上記の専門研修
については、e ラーニングの活用などによる受講しやすい環境整備が行われ
ます。

設備・勤務体制・人員配置基準の見直し

▶個室ユニット型施設の設備・勤務体制の見直し

　ケアの質を維持しつつ、人材確保や職員定着を目指し、ユニットケアを推
進する観点から以下のような見直しがされます。

① 1 ユニットの定員を、夜間および深夜を含めた介護・看護職員の配置の
　実態を勘案して職員を配置するよう努めることを求めつつ、現行の「お
　おむね 10 人以下」から「原則としておおむね 10 人以下とし、15 人を
　超えないもの」に見直しがされる。

② ユニットリーダーについて、原則常勤を維持しつつ、仕事と育児や介護
　との両立が可能となる環境整備を進め、離職防止・定着促進を図る観点
　から、人員配置基準や報酬算定について、両立支援への配慮がなされる。

③ ユニット型個室的多床室（ユニット型準個室）について、感染症やプラ
　イバシーに配慮し、個室化を進める観点から、新たに設置することが禁
　止される。

▶人員配置基準の見直し

　従来型とユニット型を併設する場合において、介護・看護職員の兼務が可
能となります。また、広域型特別養護老人ホームまたは介護老人保健施設と

小規模多機能事業所を併設する場合は、管理者・介護職員の兼務が可能となります。

リスクマネジメントの強化

　市町村によって事故報告の基準が異なっていたため、国が作成する報告様式を活用し、事故報告の形式が標準化されます。また、安全対策を恒常的なものとするため、事故発生の防止のための安全対策の担当者を定めておくことを義務づけられます。運営基準における事故発生の防止またはその再発防止のための措置が講じられていない場合は、基本報酬が減算（安全管理体制未実施減算　5単位／日）されます。その他、安全対策部門を設置するとともに、外部の安全対策に係る研修を受講した安全対策の担当者を配置し、安全対策を整備していることを評価する新たな加算として「安全対策体制加算20単位」が創設されます。

▶基準費用額の見直し

　介護保険施設での食費の基準費用額について、「令和2年度介護事業経営実態調査結果」から算出した介護保険施設の食費の平均的な費用の額との差の状況を踏まえ、利用者負担への影響も勘案しつつ、必要な対応が行われます。

基準費用額（食費）
〈現行〉1,392円／日　⇒　〈改定後〉1,445円／日（＋53円）
※2021（令和3）年8月施行

介護医療院・介護療養型医療施設

ここが Point

介護療養型医療施設から介護医療院への円滑な移行

看取りの取り組みを促進

● 2024年3月までの廃止期限が近づく介護療養型医療施設

　介護医療院は「長期療養のための医療」と「日常生活の世話（介護）」を一体的に提供する施設として2017年の介護保険法改正で創設されました。前回（2018年）の介護報酬改定では施設基準や報酬が決定され、介護療養病床、医療療養病床、介護療養型老健からの移行先として開設がスタートされています。

　2020年9月末の時点では、全国で539施設、33,820床の介護医療院が開設されています（2020年11月13日厚生労働省老健局老人保健課）。介護医療院へ移行した元の施設は、介護療養病床（病院351施設、23,386床・診療所37施設、394床）、医療療養病床（療養病棟入院基本料1または2を算定している病院101施設3,622床）介護療養型老健（89施設4,508床）となっており、介護療養病床（病院）からの転換が最も多く、次いで医療療養病床からの転換も増えてきました。一方、病院・診療所別の介護療養型医療施設の移行予定では、2024年3月末時点でも介護療養型医療施設に留まる意向を示した病床は病院・診療所で23.7%、診療所のみでは56.4%であり、診療所からの移行が進まない状況が伺えます（図1）。残された時間を考えた場合、現在入所している要介護者の方々に支障を来さないためにも、介護医療院への円滑な移行を促進することが重要となります。

● 介護医療院への移行が進まない有床診療所からの移行促進

　有床診療所から移行して、介護医療院を開設する場合にネックとなっている浴槽の基準に対して、入浴用リフトやリクライニングシャワーチェア等に

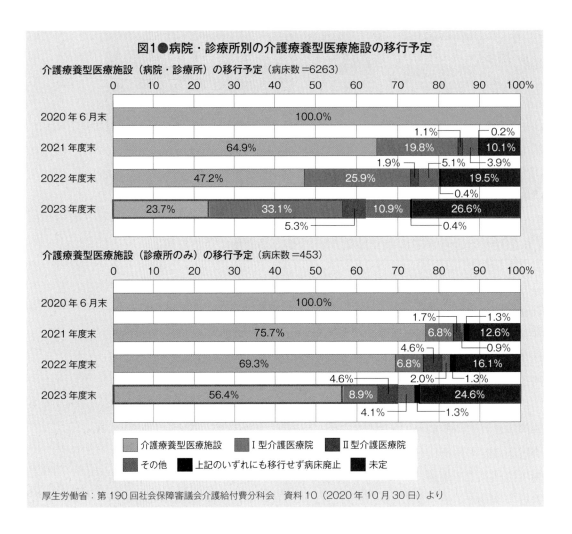

図1●病院・診療所別の介護療養型医療施設の移行予定

介護療養型医療施設（病院・診療所）の移行予定（病床数＝6263）

	介護療養型医療施設	I型介護医療院	II型介護医療院	その他	病床廃止	未定
2020年6月末	100.0%					
2021年度末	64.9%	19.8%	10.1%	1.1%		0.2%
2022年度末	47.2%	25.9%	19.5%	1.9%	5.1%	3.9% / 0.4%
2023年度末	23.7%	33.1%	10.9%	26.6%	5.3%	0.4%

介護療養型医療施設（診療所のみ）の移行予定（病床数＝453）

	介護療養型医療施設	I型介護医療院	II型介護医療院	その他	病床廃止	未定
2020年6月末	100.0%					
2021年度末	75.7%	6.8%	12.6%	1.7%		1.3%
2022年度末	69.3%	6.8%	16.1%	4.6%		0.9%
2023年度末	56.4%	8.9%	24.6%	4.6%	2.0% / 4.1%	1.3% / 1.3%

凡例：介護療養型医療施設／I型介護医療院／II型介護医療院／その他／上記のいずれにも移行せず病床廃止／未定

厚生労働省：第190回社会保障審議会介護給付費分科会　資料10（2020年10月30日）より

より、身体が不自由な利用者が適切に入浴できる場合は、一般浴槽以外の浴槽の設置は求めないこととして、介護医療院への移行を促進します。この取り扱いは当該事業者が施設の新設、増築または全面的な改築の工事を行うまでの経過措置となります。

介護療養型医療施設から介護医療院への移行を促す

介護療養型医療施設について、廃止期限までに介護医療院への移行が確実に行われるように、半年ごとに移行検討状況を許可権者に報告することとし、期限までに報告がされない場合は、次の期限までの間、基本報酬が減算（移行計画未提出減算）されます。

◎ 介護医療院の移行定着支援加算の廃止

2018年の介護報酬改定において示された介護医療院の基準や報酬、地域医療介護総合確保基金や予算事業を組み合わせた移行支援が行われました。引き続きどのような移行支援が考えられるかが検討されていますが、移行定着支援加算（93単位／日）は介護医療院の開設状況を踏まえて、予定通り2021年3月31日までに廃止する方向になりました。

◎ 医療療養病床の診療報酬減額を踏襲した介護療養型医療施設の基本報酬の見直し

2020年診療報酬改定では、療養病棟入院基本料（経過措置1）について減額が行われました。これを受け次いで、介護医療院への移行を進める観点から介護療養型医療施設（老人性認知症疾患療養病棟を除く）の基本報酬の見直し（減算）が行われます。

◎ 看取りへの対応の充実

患者の退院を困難にしている事項として「地域の中での看取りを行える施設が少ない」ことを踏まえて、介護医療院が療養病床における長期入院患者を受け入れ、生活施設としての取り組みを説明し、適切な介護医療院サービスを提供する場合の評価を行うことが検討されています(図2)。

図2●看取りへの対応充実の評価

 新設 長期療養生活移行加算

[算定要件]
・入所者が療養病床に長期間入院している患者であること
・入所にあたり、入所者および家族に、生活施設として取り組みについて説明を行うこと
・入所者および家族等と地域住民等との交流が可能となるよう、地域の行事や活動等に積極的に関与していること
・入所した日から起算して90日に限り算定（1日60単位）可能であること

介護医療院および介護療養型医療施設における看取り期における、本人・家族との十分な話し合いや他の関係者との連携を一層充実させる観点から、以下の見直しが行われます。

① 基本報酬の算定において、「人生の最終段階における医療・ケアの決定プロセスに関するガイドライン」等の内容に沿った取り組みを行うことが求められる。

② サービス提供に当たり、本人の意思を尊重した医療・ケアの方針決定に対する支援につとめることが求められる。

● 科学的介護推進体制加算の導入

　入所者のケアの質を高めるために、CHASE・VISIT を一体的に運用し、データの収集や活用を進めていきます。一体的な運用にあたり、名称が「科学的介護情報システム」（LIFE）に統一されます。

　取り組みを推進するために施設系では「科学的介護推進体制加算（Ⅰ）（Ⅱ）」が新設されます。全入所者に係る ADL や栄養状態、口腔機能、認知症の状況などのデータを提出し、データベースを活用するサービス計画を確認するなど、PDCA サイクルを推進してケアの質を向上させる取り組みを行うことで、利用者 1 人につき月 40 単位が算定できます（加算Ⅰ）。さらに疾病、服薬情報などのデータを提出することで月 60 単位（加算Ⅱ）を算定することができます。ただし、算定対象事業所として施設系では介護療養型医療施設は除かれています。

　これまで、介護サービス利用者のデータ入力については訪問・通所リハビリテーションにおける VISIT の経験からデータ入力に係る現場の負担が指摘されていました。今後は現場の負担を軽減するためのデータ入力の省力化や施設介護記録ソフトとのデータ連携などが必須であると考えます。

③ 地域密着型サービス

小規模多機能型居宅介護

ここが Point

認知症高齢者に対応する加算が新設

基本報酬や加算で看取り期のケアを重視

登録者以外の短期利用が算定可能に

◉ 認知症行動・心理症状緊急対応加算の創設

　在宅の認知症高齢者の緊急時の宿泊ニーズに対応できる環境づくりを一層推進する観点から、多機能系サービスについて、施設系サービス等と同様に、認知症行動・心理症状緊急対応加算が新たに創設されます。

新設 **認知症行動・心理症状緊急対応加算　200単位／日**

算定要件：既存の短期入所系・施設系サービスの認知症行動・心理症状緊急対応加算と同様の要件。

　　　　　医師が、認知症の行動・心理症状が認められるため、在宅での生活が困難であり、緊急に短期利用居宅介護を利用することが適当であると判断した者に対し、サービスを行った場合は、利用を開始した日から起算して7日間を限度として、1日につき200単位を所定単位数に加算。

◉ 看取り期における本人の意思を尊重したケアの充実

　看取り期における本人・家族との十分な話し合いや他の関係者との連携を一層充実させる観点から、訪問看護等のターミナルケア加算における対応と同様に、介護医院、介護療養型医療施設、短期入所療養介護（介護老人保健施設によるものを除く）の基本報酬や看取りに係る加算の算定要件において、「人生の最終段階における医療・ケアの決定プロセスに関するガイドライン」等の内容に沿った取り組みを行うことが求められます。

緊急時の宿泊ニーズへの対応の充実

　小規模多機能型居宅介護および看護小規模多機能型居宅介護において、事業所の登録定員に空きがあること等を要件とする登録者以外の短期利用（短期利用居宅介護費）について、登録者のサービス提供に支障がないことを前提に、宿泊室に空きがある場合には算定が可能となります。

管理者交代時の研修の修了猶予措置

　管理者の要件とされている認知症介護実践者研修および認知症対応型サービス事業管理者研修の修了について、研修の実施時期が自治体によって他律的に決定されるものであることを踏まえ、計画作成担当者に係る措置と同様に、管理者が交代する場合において、新たな管理者が、市町村からの推薦を受けて都道府県に研修の申し込みを行い、研修を修了することが確実に見込まれる場合は、研修を修了していなくてもよい取り扱いとなります。

　なお、事業者の新規指定時には、管理者は原則どおり研修を修了していることが必須となります。

定期巡回・随時対応型訪問介護看護

Point 認知症専門ケア加算を新設

管理者の兼務可など人員配置を弾力化

● 運営基準の改定の主な内容

　定期巡回・随時対応型訪問介護看護については、以下の加算が新設・変更されました。

新設 認知症専門ケア加算（Ⅰ）　90 単位

算定要件：認知症高齢者の日常生活自立度Ⅲ以上の者が利用者の 50％以上であること。

　　　　　認知症介護実践リーダー研修修了者を認知症高齢者の日常生活自立度Ⅲ以上の者が 20 名未満の場合は 1 名以上、20 名以上の場合は 1 に、当該対象者の数が 19 を超えて 10 または端数を増すごとに 1 を加えて得た数以上配置し、専門的な認知症ケアを実施すること。

　　　　　当該事業所の従業員に対して、認知症ケアに関する留意事項の伝達または技術的指導に係る会議を定期的に開催すること。

新設 認知症専門ケア加算（Ⅱ）　120 単位

算定要件：認知症専門ケア加算（Ⅰ）の要件を満たし、かつ、認知症介護指導者養成研修修了者を 1 名以上配置し、事業所全体の認知症ケアの指導等を実施・介護、看護職員ごとの認知症ケアに関する研修計画を作成し、実施または実施を予定すること。

変更 サービス提供体制強化加算

　勤続年数要件について、より長い勤続年数の設定に見直すとともに、介護福祉士割合要件の下位区分、常勤職員割合要件による区分、勤続年数要件による区分を統合し、いずれかを満たすことを求める新たな区分を設定すること。

加算Ⅰ （新たな最上位区分）	加算Ⅱ （改正前の加算［Ⅰ］ イ相当）	加算Ⅲ （改正前の加算［Ⅰ］ロ、 加算［Ⅱ］、 加算［Ⅲ］相当）
以下のいずれかの要件 ①介護福祉士60％以上 ②勤続10年以上介護福祉士25％以上	介護福祉士40％以上または介護福祉士、実務者研修修了者、基礎研修修了者の合計が60％以上	以下のいずれかの要件 ①介護福祉士30％以上または介護福祉士、実務者研修修了者、基礎研修修了者の合計が50％以上 ②常勤職員60％以上 ③勤続7年以上の者が30％以上
750単位／月	640単位／月	350単位／月

● 処遇改善加算（Ⅳ）および（Ⅴ）の廃止

　他サービス同様、定期巡回・随時対応型訪問介護看護においても、上位区分の算定が進んでいることを踏まえ、介護職員処遇改善加算（Ⅳ）および（Ⅴ）は廃止されます。

　そのため、キャリアパス要件を整備していない事業者、および①職位・職責・職務内容等に応じた任用要件と賃金体系を整備すること、②資質向上のための計画を策定して研修の実施または研修の機会を確保することのいずれかを整えて加算要件としていた事業者の加算は請求できなくなります。

　この廃止については、2021（令和3）年3月末時点で同加算を算定している事業者については、1年の経過措置期間が設けられています。

　なお、介護職員処遇改善加算は、キャリアパス要件、職場環境等要件のいずれも、就業規則等での明確な書面での整備と、全ての介護職員への周知を含むものとします。

● 人員配置要件の明確化

　地域密着型サービスにおいては、指定権者（市区町村）間の人員配置要件の整合性を図るため、利用者へのサービス提供に支障がないことを前提に、計画作成責任者は、管理者との兼務を可能とします**(図1)**。

図1●人員配置要件の明確化

管理者は常勤専従で配置。ただし、管理業務に支障がない限り、下記の他の職務と兼務できる。

現行	改定後
【定期巡回・随時対応型訪問介護看護】 オペレーター、定期巡回サービスを行う訪問介護員等、随時訪問サービスを行う訪問介護員等、訪問看護サービスを行う看護師等	オペレーター、定期巡回サービスを行う訪問介護員等、随時訪問サービスを行う訪問介護員等、訪問看護サービスを行う看護師等、計画作成責任者
【夜間対応型訪問介護】 オペレーションセンター従業者、訪問介護員等	オペレーションセンター従業者（面接相談員を含む）、訪問介護員等

午後6時から午前8時までの時間帯は、下記の場合、必ずしも事業所内で勤務する必要はない。

現行	改定後
［オペレーター］なし	ICT等の活用により、事業所外においても、利用者情報（具体的サービスの内容、利用者の心身の状況や家族の状況等）の確認ができるとともに、電話の転送機能等を活用することにより、利用者からのコールに即時にオペレーターが対応できる体制を構築し、コール内容に応じて、必要な対応を行うことができると認められる場合
［随時サービスを行う訪問介護員］　なし	利用者からの連絡を受けた後、事業所から利用者宅へ訪問するのと同程度の対応ができるなど、随時訪問サービスの提供に支障がない体制が整備されている場合

　また、ICT等の活用により利用者情報の確認ができ、電話転送機能を使用する場合、オペレーターおよび随時訪問サービスを行う訪問介護員は、夜間・早朝（18時〜翌8時）に、必ずしも事業所内にいる必要はないと通知改定されました。

地域密着型サービス

看護小規模多機能型居宅介護

ここが Point

新たに認知症行動・心理症状緊急対応加算の創設で
認知症の利用者も利用しやすく

通所困難な利用者の入浴機会の確保、緊急時の宿泊
ニーズへの対応など看多機ならではの機能の充実

◎ 基本報酬はプラス改正

　看護小規模多機能型居宅介護の基本報酬（1月につき）は、表1のように
改定されました〔（　）内は前回報酬との比較〕。

基本報酬について、①特別地域加算（15％）、中山間地域等における小規模
事業所加算（10％）の対象とする、②過疎地域等において、市町村が認め
た場合に、登録定員を超過した場合の報酬減算を一定の期間行わないことを
可能にする、としています。

表1 ●基本報酬

	同一建物以外の提供	同一建物での提供	短期利用（1日につき）
要介護1	12,438 単位（37 ↑）	11,206 単位（33 ↑）	570 単位（2 ↑）
要介護2	17,403 単位（51 ↑）	15,680 単位（46 ↑）	637 単位（2 ↑）
要介護3	24,464 単位（72 ↑）	22,042 単位（65 ↑）	705 単位（2 ↑）
要介護4	27,747 単位（82 ↑）	25,000 単位（74 ↑）	772 単位（2 ↑）
要介護5	31,386 単位（93 ↑）	28,278 単位（83 ↑）	838 単位（2 ↑）

◎ 認知症、栄養、口腔ケアなど多岐にわたる加算

新設 認知症行動・心理症状緊急対応加算　200 単位／日（利用日から 7 日間以内）
算定要件：医師が、認知症の行動・心理症状が認められるため在宅での生活
　　　　　　が困難であり、緊急に短期利用居宅介護を利用することが適当で
　　　　　　あると判断した者に対し、サービスを行った場合。

新設 栄養アセスメント加算 50単位／月（基本的に栄養改善加算との併算定不可）
算定要件：①管理栄養士（外部との連携可）と介護職員等の連携による栄養
アセスメント。
②LIFEへのデータ提出とフィードバックの活用。

新設 栄養改善加算 200単位／回（3月以内・月2回を限度）
算定要件：①管理栄養士（外部との連携可）と介護職員等の連携による栄養
ケア計画策定。
②必要に応じて居宅を訪問すること。
③栄養ケア計画を定期的に評価していること。

改正 口腔・栄養スクリーニング加算 （Ⅰ）・（Ⅱ）は併算定不可
● 口腔・栄養スクリーニング加算（Ⅰ） 20単位／回
● 口腔・栄養スクリーニング加算（Ⅱ） 5単位／回（6月に1回を限度）
算定要件：（Ⅰ）は、①6月ごとに利用者の口腔状態について確認。情報を
介護支援専門員に情報提供、②6月ごとに利用者の栄養状態に
ついて確認。情報を介護支援専門員に情報提供、（Ⅱ）は、上記
のいずれかの実施。

新設 口腔機能向上加算
● 口腔機能向上加算（Ⅰ） 150単位／回（原則3月以内・月2回を限度・
延長可）
● 口腔機能向上加算（Ⅱ） 160単位／回（原則3月以内・月2回を限度・
延長可）
算定要件：（Ⅰ）は、利用者の口腔清掃の指導・実施および嚥下機能訓練の
指導・実施をすること。（Ⅱ）は、（Ⅰ）に加えてLIFEへのデー
タ提出とフィードバックの活用。

● 褥瘡・排せつなど重度者の介護を評価

新設 褥瘡マネジメント加算 （Ⅰ）・（Ⅱ）は併算不可
● 褥瘡マネジメント加算（Ⅰ） 3単位／月
● 褥瘡マネジメント加算（Ⅱ） 13単位／月
算定要件：（Ⅰ）は、利用者ごとに褥瘡の発生と関連のあるリスクについて、
3月に1回、評価を行い、LIFEへデータ提出し、LIFEのフィー

ドバックを活用し、褥瘡ケア計画を作成していること、および、3月に1回、利用者ごとに褥瘡ケア計画を評価・見直していること。（Ⅱ）は、（Ⅰ）に加えて、利用開始時の評価の結果、褥瘡が発生するリスクがあるとされた利用者について、褥瘡の発生がないこと。

新設 排せつ支援加算 ※（Ⅰ）〜（Ⅲ）は併算不可

- ● 排せつ支援加算（Ⅰ） 10単位／月
- ● 排せつ支援加算（Ⅱ） 15単位／月
- ● 排せつ支援加算（Ⅲ） 20単位／月

算定要件：（Ⅰ）は、排せつに介護を要する利用者ごとに、要介護状態の軽減の見込みについて、医師または医師と連携した看護師が利用開始時等に評価するとともに、少なくとも6月に1回評価を行い、その評価結果等をLIFEへデータ提出し、LIFEのフィードバックを活用し、褥瘡ケア計画を作成していること、およびその評価に基づき、3月に1回、利用者ごとに支援計画を見直していること。（Ⅱ）は（Ⅰ）に加えて、利用開始時と比較して、排尿・排便の状態の少なくとも一方が改善するとともに、いずれにも悪化がないこと、またはおむつ使用ありから使用なしに改善していること。（Ⅲ）は、利用開始時と比較して、排尿・排便の状態の少なくとも一方が改善するとともに、いずれにも悪化がなく、かつ、おむつ使用ありから使用なしに改善していること。

新設 科学的介護推進体制加算 40単位／月

算定要件：利用者ごとのADL値、栄養状態、口腔機能、認知症の状況その他の心身の状況など基本的な情報をLIFEへデータ提出し、LIFEのフィードバックを活用し、サービスの計画を見直していること。

◆ 看多機ならではの機能を評価

▶ **通所困難な利用者の入浴機会の確保**

多機能系サービスへの通いが困難となった状態不安定な利用者に訪問入浴介護のサービスを、多機能系サービス事業者の負担のもとで提供することを可能とします。

▶緊急時の宿泊対応の充実

　登録者以外の短期利用について、宿泊室に空きがある場合には算定可能とします（登録者の数が定員未満であることの要件を削除）。

▶同一建物減算適用時の区分支給限度基準額の計算方法の適正化

　同一建物減算等の適用を受ける利用者の区分支給限度基準額の管理については、減算の適用前（同一建物に居住する者以外の者に対して行う場合）の単位数を用いることとします。

▶サービス提供体制強化加算

　勤続年数要件について、より長い勤続年数の設定に見直すとともに、介護福祉士割合要件の下位区分、常勤職員割合要件による区分、勤続年数要件による区分を統合し、いずれかを満たすことを求める新たな区分を設定します（表2）。

表2●サービス提供体制強化加算

加算Ⅰ （新たな最上位区分）	加算Ⅱ （改正前の加算［Ⅰ］ イ相当）	加算Ⅲ （改正前の加算［Ⅰ］ロ、 加算［Ⅱ］、 加算［Ⅲ］相当）
以下のいずれかの要件 ①介護福祉士70%以上 ②勤続10年以上介護福祉士25%以上	介護福祉士50%以上	以下のいずれかの要件 ①介護福祉士40%以上 ②常勤職員60%以上 ③勤続7年以上の者30%以上
750単位／月	640単位／月	350単位／月

▶管理者交代時の研修の終了猶予措置

　管理者の要件とされている認知症介護実践者研修、認知症対応型サービス事業管理者研修の修了について、管理者が交代する場合に新たな管理者が、市町村からの推薦を受けて都道府県に研修の申し込みを行い、研修を修了することが確実に見込まれる場合は、研修を修了していなくてもよい取り扱いとします。

認知症対応型共同生活介護
（認知症グループホーム）

より実態に即した看取りを評価する区分を新設

ユニット数を弾力化しサテライト型事業所基準を創設

計画作成担当者の配置基準を緩和

看取り対応の充実を評価

認知症グループホームにおける中重度者や看取りへの対応の充実を図る観点から、看取り介護加算について次の見直しが行われます。

▶看取り介護加算の見直し

ア　看取り期における本人・家族との十分な話し合いや他の関係者との連携を一層充実させる観点から、要件において、「人生の最終段階における医療・ケアの決定プロセスに関するガイドライン」等の内容に沿った取り組みを行うことを求める。

イ　算定日数期間を超えて看取りに係るケアを行っている実態があることを踏まえ、現行の死亡日以前 30 日前からの算定に加えて、それ以前の一定期間の対応について、新たに評価する区分を設ける。

地域の特性に応じた認知症グループホームの確保

認知症グループホームについて、地域の特性に応じたサービスの整備・提供を促進する観点から、ユニット数を弾力化するとともに、サテライト型事業所の基準が創設されます（図 1 ）。

▶ユニット数の弾力化とサテライト型事業所の基準

ア　認知症グループホームは地域密着型サービス（定員 29 人以下）であることを踏まえ、経営の安定性の観点から、ユニット数について、「原則

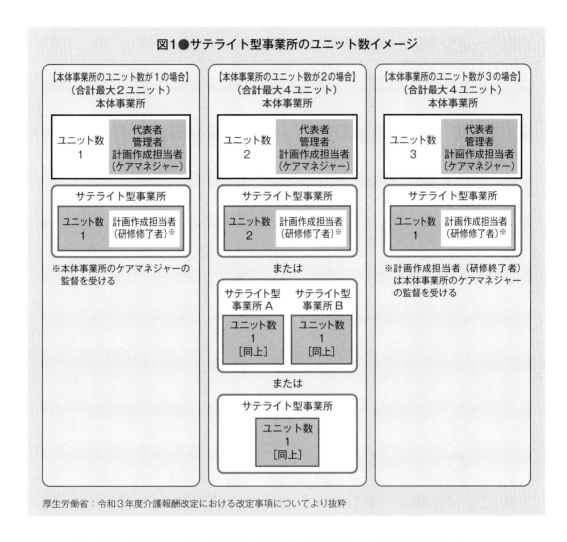

図1●サテライト型事業所のユニット数イメージ

【本体事業所のユニット数が1の場合】
（合計最大2ユニット）
本体事業所

| ユニット数 1 | 代表者 管理者 計画作成担当者 （ケアマネジャー） |

サテライト型事業所

| ユニット数 1 | 計画作成担当者 （研修修了者）※ |

※本体事業所のケアマネジャーの監督を受ける

【本体事業所のユニット数が2の場合】
（合計最大4ユニット）
本体事業所

| ユニット数 2 | 代表者 管理者 計画作成担当者 （ケアマネジャー） |

サテライト型事業所

| ユニット数 2 | 計画作成担当者 （研修修了者）※ |

または

サテライト型事業所A ／ サテライト型事業所B

| ユニット数 1 [同上] | ユニット数 1 [同上] |

または

サテライト型事業所

| ユニット数 1 [同上] |

【本体事業所のユニット数が3の場合】
（合計最大4ユニット）
本体事業所

| ユニット数 3 | 代表者 管理者 計画作成担当者 （ケアマネジャー） |

サテライト型事業所

| ユニット数 1 | 計画作成担当者 （研修修了者）※ |

※計画作成担当者（研修終了者）は本体事業所のケアマネジャーの監督を受ける

厚生労働省：令和3年度介護報酬改定における改定事項についてより抜粋

1または2、地域の実情により事業所の効率的運営に必要と認められる場合は3」とされているところ、これを「3以下」とする。

イ　複数事業所で人材を有効活用しながら、より利用者に身近な地域でサービス提供が可能となるようにする観点から、サテライト型事業所の基準を創設する。同基準は、本体事業所との兼務等により、代表者、管理者を配置しないことや、介護支援専門員ではない認知症介護実践者研修を修了した者を計画作成担当者として配置することができるようにするなど、サテライト型小規模多機能型居宅介護の基準も参考にしつつ、サービス提供体制を適切に維持できるようにするため、サテライト型事業所のユニット数については、本体事業所のユニット数を上回らず、かつ、本体事業所のユニット数との合計が最大4までとする。

● 3ユニットの夜勤職員体制の緩和

　認知症グループホームにおける夜勤職員体制は、1ユニット1人以上が原則でしたが、今回の改定では、ユニットが同一階に隣接しており、職員が円滑に利用者の状況把握を行い、速やかな対応が可能な構造で、安全対策（マニュアルの策定、訓練の実施）をとっていることを要件に、例外的に3ユニットに夜勤2人体制での配置が可能となりました。

● 緊急時短期利用の要件を緩和

　緊急時の宿泊対応の充実として、認知症グループホームにおける緊急時短期利用を、これまでの「1事業所1名まで・7日以内・個室」という要件を見直し、「1ユニット1名まで・7日以内を原則として、利用者家族の疾病等やむを得ない事情が ある場合には14日以内・おおむね7.43m^2/人でプライバシーの確保に配慮した個室的なしつらえが確保される場合には、個室以外も認める」としました。

● 計画作成担当者の配置基準の緩和

　認知症グループホームにおいて、人材の有効活用を図る観点から、介護支援専門員である計画作成担当者の配置について、ユニットごとに1名以上の配置から、事業所ごとに1名以上の配置に緩和されます。

地域密着型サービス

認知症対応型通所介護

ここが

Point

ICT を活用した状態把握が可能に

維持・改善を評価した加算の拡充

● 外部のリハ専門職等との連携による介護の推進

　通所介護や特養等における外部のリハ専門職等との連携による自立支援・重度化防止に資する介護を図る生活機能向上連携加算について、訪問介護等と同様に、ICT の活用等により外部のリハ専門職等が事業所を訪問せずに利用者の状態を把握・助言する場合の評価区分が新たに設けられます。

＜現行＞	＜改定後＞
生活機能向上連携加算　⇒	生活機能向上連携加算（Ⅰ）
200 単位／月	100 単位／月（新設）
	※ 3 月に 1 回を限度。
	生活機能向上連携加算（Ⅱ）
	200 単位／月（※現行と同じ）
	※（Ⅰ）と（Ⅱ）の併算定は不可。

算定要件：訪問介護等の加算と同様

▶生活機能向上連携加算（Ⅰ）

●訪問・通所リハビリテーションを実施している事業所またはリハビリテーションを実施している医療提供施設（病院にあっては許可病床数が 200 床未満のものまたは当該病院を中心とした半径 4 キロメートル以内に診療所が存在しない場合に限る）の理学療法士等や医師からの助言（アセスメント・カンファレンス）を受けることができる体制を構築し、助言を受けた上で、機能訓練指導員等が生活機能の向上を目的とした個別機能訓練計画を作成等すること

●理学療法士等や医師は、通所リハビリテーション等のサービス提供の場
　または ICT を活用した動画等により、利用者の状態を把握した上で、助
　言を行うこと

◆ ADL 維持等加算の拡充

　ADL 維持等加算について、通所介護に加えて、認知症対応型通所介護、
介護付きホーム、介護福祉施設に対象が拡充されます。クリームスキミン
グ（アウトカム改善が見込まれる高齢者の選別など）を防止する観点や加算
の取得状況等を踏まえ、要件の見直しが行われました。ADL を良好に維持・
改善する事業者を高く評価する評価区分が新たに設けられます。

＜現行＞		＜改定後＞
ADL 維持等加算（Ⅰ）	⇒	ADL 維持等加算（Ⅰ）
3単位／月		30 単位／月（拡充）
ADL 維持等加算（Ⅱ）	⇒	ADL 維持等加算（Ⅱ）
6単位／月		60 単位／月（拡充）

※加算（Ⅰ）（Ⅱ）は併算不可。
※認知症デイ、介護付きホーム、介護老人福祉施設を対象に加える。

第 3 章

2021（令和 3）年度 介護報酬改定の概要と 単位表

介護報酬改定の概要

新たな概要を理解し、家族へやさしく説明する

　6年に1度介護保険の制度改正、3年に1度の報酬改定が行われると、当然のことながら保険者や都道府県等は説明責任義務として、住民向けや事業者向けの説明会を地域で開催します。しかし事業者はともかくとして、そうした説明会に積極的に参加できる利用者やその家族はどれだけいるでしょうか。日々の介護で精いっぱいで行きたくても行けない、そもそも開催告知の広報を目にする機会もないかもしれません。

　制度が改正されると、利用者だけでなく40歳以上のすべての国民が支払っている介護保険料に影響が出ます。一方、基本報酬や加算・減算などの単位数が変わると、介護サービスの利用金額に反映されます。毎月、ほぼ定額で支払っていた利用料金が突然変更されたら、利用者やその家族は怪訝に思うことでしょう。当然、サービス提供事業者はその説明をしなくてはなりませんし、その責務を担うのは、多くの場合、ケアマネジャーの仕事になります。

　説明責任は、国、都道府県、保険者（市町村）にあります。ただ、利用者や家族は、身近な存在であるケアマネジャーやサービス担当者に「どうなるの？」と不安ながらに尋ねることもあるはずです。ここでは、利用者や家族から質問される前に、ケアマネジャーが説明したほうがよいと思われる項目をまとめてみました。

　2021年は3年に1度の報酬改定の年に当たりますが、変わりゆく介護保険制度を利用者や家族にどのように説明すればよいのかについて、ポイントを押さえていきましょう。

◉ 利用者に関わる部分を事前に洗い出す

　まずは今度の改正や改定がそれぞれの利用者に及ぼす影響を調べておくことが大切です。あなたがケアマネジャーであれば、保険料に加えて利用者が利用しているすべてのサービスについて調べます。

　一方、あなたがサービス担当者であれば、自らの事業所が提供しているサービスについて、利用者への影響を調べておくことです。

　保険料、自己負担割合、サービスごとの利用者負担額（基本料、各種加算と事業所ごとの方針、食費等介護保険適用以外分）、通所系サービスであれば1時間刻みとなるサービス提供時間の区分についての事業所の方針などをわかる範囲で調べておけば、利用者や家族の質問により具体的に答えることができます。

　なお、介護保険制度の変更点を踏まえて重要事項説明書等を変更し、利用者・家族に丁寧に説明することが必須となります。

◉ 利用者の代弁者、良き翻訳者という「立ち位置」

　説明を行うあなたの「立ち位置」についても考えておきたいものです。上述したように、制度改正や報酬改定の説明責任は、国や保険者等にあります。ですから、あなたが行政職員でなければ、国や保険者等に成り代わって説明する最終的な責任を負うわけではありません。だからといって、「私はわからないので、市役所に聞いてください」「こちらも困っているんです」などと返答したのでは、専門職としての情報提供の責任を果たしているとはいえません。このような対応では、利用者との援助関係にひびが入ってしまうことすらあり得ます。

　ケアマネジャーやサービス担当者は、「介護保険の専門職」です。利用者や家族より、情報が入手しやすい状況にあり、読むのに骨の折れる法律・制度・通知などの行政文書であっても、理解することができるでしょう。サービス事業所ごとの方針を事前につかむこともできます。

　このようなことから、ケアマネジャーは「利用者の利益の代弁者」であり、わかりにくい行政文書の「良き翻訳者」という立ち位置で説明することが求

められています。

では、説明の場面を考えていきます。

介護保険についての質問をする利用者や家族は、何らかの方法で事前に情報を入手しています。その多くは、テレビや新聞での報道、市町村の広報、近隣・サービス利用者仲間・介護仲間からの口コミでしょう。そこで芽生えた不安が大きく成長しているかもしれません。たとえば、2018年度改正で導入された「利用者の3割負担」などです。これは収入に応じて利用料金が変わるもので、一様に「支払う金額が上がる」「このままだとサービスが使えなくなる」わけではありません。しかし、利用者側にとっては大きな不安材料の1つです。

ケアマネジャーは、まずは利用者や家族の声に耳を傾け、一人ひとりの「不安」に真摯に向き合うことが説明の前提として大切です。

なお、利用者や家族から質問がない場合も、利用料金や利用時間などに変更がある場合は事前の説明が必要です。その際には、不安を煽らないような説明を行うとともに、わずかな自己負担金額の増額といえども、その理由を含めて丁寧に説明する姿勢が求められます。

● 報酬改定の概要

何をどこまで説明すればよいのかは、利用者ごとに違います。制度についての関心度、生活における介護保険サービスの必要度、経済状態や介護費用の支出に関する考え方、理解する力などに応じて、説明の広さと深さや用語の用い方を変えていきます。このうち、理解する力については、高齢であることやコミュニケーションに障害があることなどを理由に、低く見積もりがちになりますが、「わかりやすく説明すれば、理解する力はかなりある」という前提で説明を行いましょう。

厚生労働省の「令和3年度介護報酬改定の概要」に沿って、全体像の説明と、利用者と家族向けの平易な言い方を例示します。

● 感染症や災害への対応力強化

日頃からの備えと業務継続に向けた取り組みを推進します。

　具体的には、感染症対策の強化、業務継続に向けた取り組みの強化、災害への地域と連携した対応の強化、通所介護等の事業所規模別の報酬等に関する対応などです。ガイドラインも公開されています**(図1)**。なかでも、感染症や災害の影響で利用者数が減少した通所介護等の報酬については、状況に即し、利用者数に応じて柔軟に事業所規模別の各区分の報酬単価による算定を可能としました。

利用者への説明：感染症や災害が発生しても、必要なサービスを安心して受けられるよう、事業所でも日ごろから話し合い、訓練もしていますので、安心してください。

図1●介護施設・事業所向け業務継続ガイドライン

介護施設・事業所における
新型コロナウイルス
感染症発生時の
業務継続ガイドライン

厚生労働省老健局
令和2年12月

ポイント
● 各施設・事業所において、新型コロナウイルス感染症が発生した場合の対応や、それらを踏まえて平時から準備・検討しておくべきことを、サービス類型に応じた業務継続ガイドラインとして整理。
● ガイドラインを参考に、各施設・事業所において具体的な対応を検討し、それらの内容を記載することでBCPが作成できるよう、参考となる「ひな形」を用意。

主な内容
● BCPとは
● 新型コロナウイルス感染症BCPとは（自然災害BCPとの違い）
● 介護サービス事業者に求められる役割・BCP作成のポイント
● 新型コロナウイルス感染（疑い）者発生時の対応等（入所系・通所系・訪問系）
　等

厚生労働省：第199回社会保障審議会介護給付費分科会資料より抜粋

地域包括ケアシステムの推進

　前回の改正同様、住み慣れた地域において、利用者の尊厳を保持しつつ、必要なサービスが切れ目なく提供されるよう取り組みを推進します。

　具体的には、①認知症の人への対応力向上に向けた取り組みの推進、②看取りへの対応の充実、③医療と介護の連携の推進、④在宅サービス、介護保

表1●地域密着型サービスにおける地域の特性に応じたサービスの確保

	算定要件	単位数	新設するサービス ★：介護予防を含む
特別地域加算	別に厚生労働大臣が定める地域(※1)に所在する事業所が、サービス提供を行った場合	所定単位数に 15/100 を乗じた単位数	夜間対応型訪問介護 小規模多機能型居宅介護★ 看護小規模多機能型居宅介護
中山間地域等における小規模事業所加算	別に厚生労働大臣が定める地域(※2)に所在する事業所が、サービス提供を行った場合	所定単位数に 10/100 を乗じた単位数	夜間対応型訪問介護 小規模多機能型居宅介護★ 看護小規模多機能型居宅介護
中山間地域等に居住する者へのサービス提供加算	別に厚生労働大臣が定める地域(※3)に居住する利用者に対し、通常の事業の実施地域を越えて、サービス提供を行った場合	所定単位数に 5/100 を乗じた単位数	夜間対応型訪問介護 認知症対応型通所介護★

※1：①離島振興対策実施地域、②奄美群島、③振興山村、④小笠原諸島、⑤沖縄の離島、⑥豪雪地帯、特別豪雪地帯、辺地、過疎地域等であって、人口密度が希薄、交通が不便等の理由によりサービスの確保が著しく困難な地域
※2：①豪雪地帯および特別豪雪地帯、②辺地、③半島振興対策実施地域、④特定農山村、⑤過疎地域
※3：①離島振興対策実施地域、②奄美群島、③豪雪地帯および特別豪雪地帯、④辺地、⑤振興山村、⑥小笠原諸島、⑦半島振興対策実施地域、⑧特定農山村地域、⑨過疎地域、⑩沖縄の離島
厚生労働省：第199回社会保障審議会介護給付費分科会資料より抜粋

険施設や高齢者住まいの機能・対応強化、⑤ケアマネジメントの質の向上と公正中立性の確保、⑥地域の特性に応じたサービスの確保(**表1**)、を推進します。

利用者への説明：たとえ重度になっても、住み親しんだ家や地域で末永く暮らせるようにするため、行政だけでなく住民みんなで協力し、地域づくりをさらに進めていこうとしています。

◉ 自立支援・重度化防止の取り組みの推進

　制度の目的に沿って、質の評価やデータ活用を行いながら、科学的に効果が裏付けられた質の高いサービスの提供を推進します。

　具体的には、①リハビリテーション・機能訓練、口腔、栄養の取り組みの連携・強化、②介護サービスの質の評価と科学的介護の取り組みの推進、③寝たきり防止等、重度化防止の取り組み、を推進します。

　中でも今回は、介護サービスの質の評価と科学的介護が推進され、

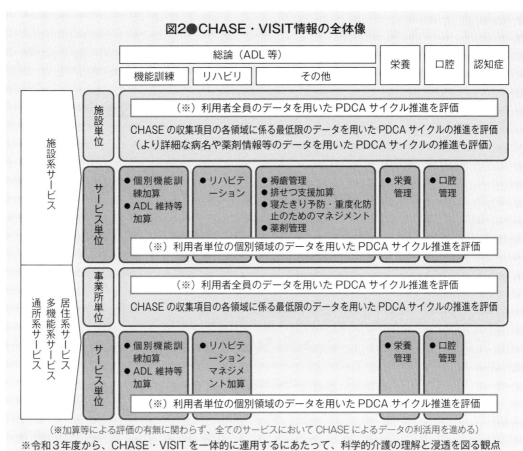

図2●CHASE・VISIT情報の全体像

（※加算等による評価の有無に関わらず、全てのサービスにおいてCHASEによるデータの利活用を進める）

※令和３年度から、CHASE・VISITを一体的に運用するにあたって、科学的介護の理解と浸透を図る観点から、以下の統一した名称を用いる予定。
科学的介護情報システム（Long-term care Information system For Evidence；**LIFE ライフ**）

厚生労働省：第199回社会保障審議会介護給付費分科会資料より抜粋

CHASE・VISITへのデータ提出とフィードバックの活用によりPDCAサイクルの推進とケアの質の向上を図る取り組みが注目されます(図2)。

利用者への説明：介護サービスを利用することで、介護が必要な心身の状態ができるだけ軽くなるように、また、重くならないようにしていこうとするものです。

◯ 介護人材の確保・介護現場の革新

喫緊・重要な課題として、介護人材の確保・介護現場の革新に対応するため、以下を推進します。

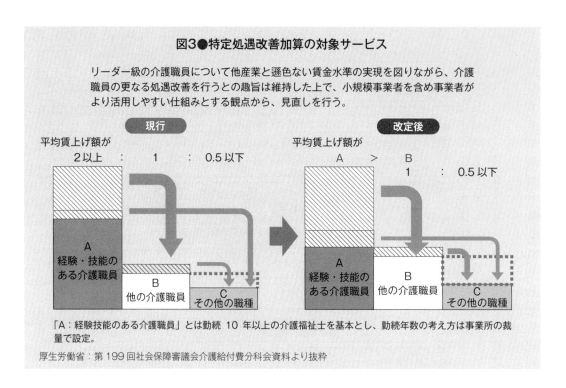

図3●特定処遇改善加算の対象サービス

リーダー級の介護職員について他産業と遜色ない賃金水準の実現を図りながら、介護職員の更なる処遇改善を行うとの趣旨は維持した上で、小規模事業者を含め事業者がより活用しやすい仕組みとする観点から、見直しを行う。

現行

平均賃上げ額が
2以上 ： 1 ： 0.5以下

A
経験・技能の
ある介護職員

B
他の介護職員

C
その他の職種

改定後

平均賃上げ額が
A ＞ B
1 ： 0.5以下

A
経験・技能の
ある介護職員

B
他の介護職員

C
その他の職種

「A：経験技能のある介護職員」とは勤続10年以上の介護福祉士を基本とし、勤続年数の考え方は事業所の裁量で設定。

厚生労働省：第199回社会保障審議会介護給付費分科会資料より抜粋

①介護職員の処遇改善や職場環境の改善に向けた取り組みの推進（図3）、②テクノロジーの活用や人員基準・運営基準の緩和を通じた業務効率化・業務負担軽減の推進、③文書負担軽減や手続きの効率化による介護現場の業務負担軽減の推進。

利用者への説明：介護を担う人が不足しています。多様な人材が介護の仕事に集まるような仕掛けを行います。

◐ 制度の安定性・持続可能性の確保

必要なサービスは確保しつつ、適正化・重点化を図るために、以下を推進します。

①区分支給限度基準額の計算方法の一部見直し、訪問看護のリハの評価・提供回数等の見直し、介護職員処遇改善加算（Ⅳ）（Ⅴ）の廃止など評価の適正化・重点化（図4）、②月額報酬化（療養通所介護）、加算の整理統合（リハ、口腔、栄養等）など報酬体系の簡素化。

利用者への説明：介護保険の制度を続けていくために、介護職員に長く働いてもらう仕組みを整えます。

図4●処遇改善加算の対象サービス

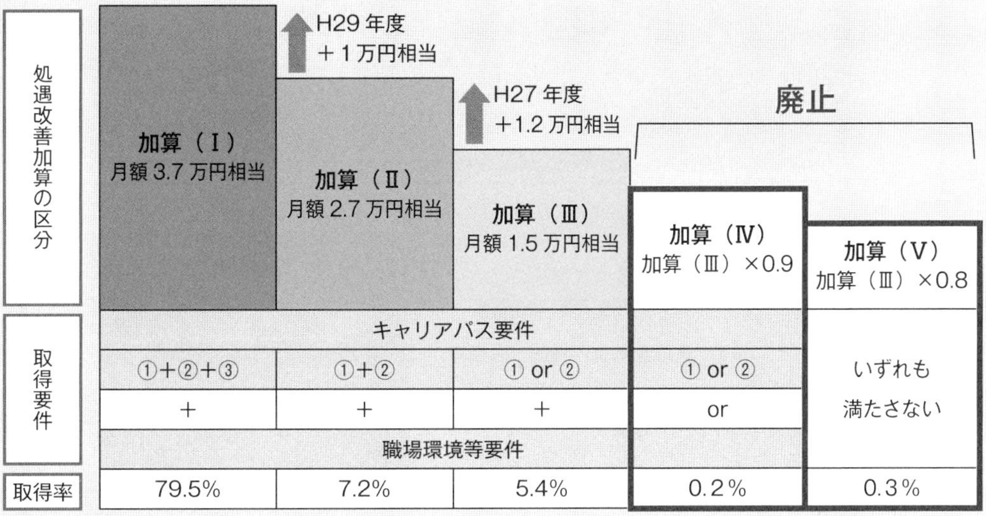

処遇改善加算の区分	加算（Ⅰ） 月額3.7万円相当	加算（Ⅱ） 月額2.7万円相当	加算（Ⅲ） 月額1.5万円相当	加算（Ⅳ） 加算（Ⅲ）×0.9	加算（Ⅴ） 加算（Ⅲ）×0.8
取得要件	キャリアパス要件				いずれも 満たさない
	①+②+③	①+②	① or ②	① or ②	
	＋	＋	＋	or	
	職場環境等要件				
取得率	79.5%	7.2%	5.4%	0.2%	0.3%

H29年度 ＋1万円相当（加算Ⅰ→Ⅱ）
H27年度 ＋1.2万円相当（加算Ⅱ→Ⅲ）
廃止（加算Ⅳ・Ⅴ）

※就業規則等の明確な書面での整備・全ての介護職員への周知を含む。

＜キャリアパス要件＞
①職位・職責・職務内容等に応じた任用要件と賃金体系を整備すること
②資質向上のための計画を策定して研修の実施または研修の機会を確保すること
③経験若しくは資格等に応じて昇給する仕組みまたは一定の基準に基づき定期に昇給を判定する仕組みを設けること
＜職場環境等要件＞
　賃金改善を除く、職場環境等の改善

厚生労働省：第199回社会保障審議会介護給付費分科会資料より抜粋

2018 年度介護報酬の改定率はプラス 0.54% の微増となりました。介護事業者の安定的経営確保のため全体としてプラスの一方、大規模型の通所や生活援助は引き下げとなっています。重度化防止の推進、医療との連携を重視した改定だといえるでしょう。主なサービスの基本報酬の単位を紹介します。

居宅サービス

1. 居宅介護支援・介護予防支援（※数字は1月あたりの単位数を表す）

【居宅介護支援費（Ⅰ）】
・居宅介護支援費（Ⅱ）を算定していない事業所

居宅介護支援（ⅰ） ケアマネジャー1人当たりの取り扱い件数が40未満である場合 または40以上である場合において、40未満の部分		
	改定前	改定後
（一）要介護1また2	1,057	1,076
（二）要介護3、4または5	1,373	1,398

居宅介護支援（ⅱ） ケアマネジャー1人当たりの取り扱い件数が40以上 である場合において、40以上60未満の部分		
	改定前	改定後
（一）要介護1また2	529	539
（二）要介護3、4または5	686	698

居宅介護支援（ⅲ） ケアマネジャー1人当たりの取り扱い件数が40以上 である場合において、60以上の部分		
	改定前	改定後
（一）要介護1また2	317	323
（二）要介護3、4または5	411	418

【居宅介護支援費（Ⅱ）〔新区分〕】
・一定の情報通信機器（人工知能関連技術を活用したものを含む）の活用または事務職員の配置を行っている事業所

居宅介護支援（ⅰ） ケアマネジャー1人当たりの取り扱い件数が45未満 である場合または45以上である場合において、45未満の部分		
	改定前	新規
（一）要介護1また2	―	1,076
（二）要介護3、4または5	―	1,398

居宅介護支援（ⅱ） ケアマネジャー1人当たりの取り扱い件数が45以上 である場合において、45以上60未満の部分		
	改定前	新規
（一）要介護1また2	―	522
（二）要介護3、4または5	―	677

居宅介護支援（ⅲ） ケアマネジャー1人当たりの取り扱い件数が45以上 である場合において、60以上の部分		
	改定前	新規
（一）要介護1また2	―	313
（二）要介護3、4または5	―	406

【介護予防支援費】

改訂前	改定後
431	438

2. 訪問介護（※数字は1回あたりの単位数を表す）

【身体介護中心型】

	改定前	改定後
20分未満	166	167
20分以上30分未満	249	250
30分以上1時間未満	395	396
1時間以上1時間30分未満	577	579
以降30分を増すごとに算定	83	84
生活援助加算※	66	67

【生活援助中心型】

	改定前	改定後
20分以上45分未満	182	183
45分以上	224	225

【通院等乗降介助】

改定前	改定後
98	99

※引き続き生活援助を行った場合の加算（20分から起算して25分ごとに加算、70分以上を限度）

3. 通所介護・地域密着型通所介護
（※数字は単位数を表す／いずれも7時間以上8時間未満の場合）

【通常規模型】

	改定前	改定後
要介護1	648	655
要介護2	765	773
要介護3	887	896
要介護4	1,008	1,018
要介護5	1,130	1,142

【大規模型Ⅰ】

	改定前	改定後
要介護1	620	626
要介護2	733	740
要介護3	848	857
要介護4	965	975
要介護5	1,081	1,092

【大規模型Ⅱ】

	改定前	改定後
要介護1	598	604
要介護2	706	713
要介護3	818	826
要介護4	931	941
要介護5	1,043	1,054

【地域密着型】

	改定前	改定後
要介護1	739	750
要介護2	873	887
要介護3	1,012	1,028
要介護4	1,150	1,168
要介護5	1,288	1,308

4. 通所リハビリテーション
（※数字は1回あたりの単位数を表す）

【通所リハビリテーション】

【例】要介護3、通常規模型の場合		
	改定前	改定後
1時間以上2時間未満	390	426
2時間以上3時間未満	457	494
3時間以上4時間未満	599	638
4時間以上5時間未満	684	725
5時間以上6時間未満	803	846
6時間以上7時間未満	929	974
7時間以上8時間未満	993	1,039

【例】要介護3、大規模の事業所（Ⅱ）の場合		
	改定前	改定後
1時間以上2時間未満	375	411
2時間以上3時間未満	439	477
3時間以上4時間未満	576	616
4時間以上5時間未満	648	689
5時間以上6時間未満	750	793
6時間以上7時間未満	874	919
7時間以上8時間未満	927	973

【介護予防通所リハビリテーション】

	改定前	改定後
要支援1	1,721	2,053
要支援2	3,634	3,999

5. 訪問リハビリテーション
（※数字は1回あたりの単位数を表す）

訪問リハビリテーション	
改定前	改定後
基本報酬　292	基本報酬　307

介護予防訪問リハビリテーション	
改定前	改定後
基本報酬　292	基本報酬　307

6. 訪問看護（※数字は単位数を表す）

【指定訪問看護ステーションの場合】

訪問看護		
	改定前	改定後
20分未満	312	313
30分未満	469	470
30分以上1時間未満	819	821
1時間以上1時間30分未満	1,122	1,125
理学療法士、作業療法士または言語聴覚士の場合	297	293

※1日3回以上の場合は90/100

介護予防訪問看護		
	改定前	改定後
20分未満	301	302
30分未満	449	450
30分以上1時間未満	790	792
1時間以上1時間30分未満	1,084	1,087
理学療法士、作業療法士または言語聴覚士の場合	287	283

※1日3回以上の場合は50/100

【病院または診療所の場合】

訪問看護		
	改定前	改定後
20 分未満	264	265
30 分未満	397	398
30 分以上 1 時間未満	571	573
1 時間以上 1 時間 30 分未満	839	842

介護予防訪問看護		
	改定前	改定後
20 分未満	254	255
30 分未満	380	381
30 分以上 1 時間未満	550	552
1 時間以上 1 時間 30 分未満	810	812

【定期巡回・随時対応訪問】

訪問看護		
	改定前	改定後
介護看護事業所と連携する場合 （1 月につき）	2,945	2,954

7. 短期入所生活介護（※数字は 1 日あたりの単位数を表す）

【単独型】

	改定前	改定後
要支援1	466	474
要支援2	579	589
要介護1	627	638
要介護2	695	707
要介護3	765	778
要介護4	833	847
要介護5	900	916

【併設型】

	改定前	改定後
要支援1	438	446
要支援2	545	555
要介護1	586	596
要介護2	654	665
要介護3	724	737
要介護4	792	806
要介護5	859	874

【単独型・ユニット型】

	改定前	改定後
要支援1	545	555
要支援2	662	674
要介護1	725	738
要介護2	792	806
要介護3	866	881
要介護4	933	949
要介護5	1,000	1,017

【併設型・ユニット型】

	改定前	改定後
要支援1	514	523
要支援2	638	649
要介護1	684	696
要介護2	751	764
要介護3	824	838
要介護4	892	908
要介護5	959	976

8-1. 短期入所療養介護（老健）
(※数字は1日あたりの単位数を表す)

【介護老人保健施設（介護予防）短期入所療養介護（Ⅰ）
(ⅲ)（多床室）（基本型）】

	改定前	改定後
要支援1	613	610
要支援2	768	768
要介護1	829	827
要介護2	877	876
要介護3	938	939
要介護4	989	991
要介護5	1,042	1,045

【介護老人保健施設（介護予防）短期入所療養介護（Ⅰ）
(ⅳ)（多床室）（在宅強化型）】

	改定前	改定後
要支援1	660	658
要支援2	816	817
要介護1	876	875
要介護2	950	951
要介護3	1,012	1,014
要介護4	1,068	1,071
要介護5	1,124	1,129

8-2. 短期入所療養介護（病院）
(※数字は1日あたりの単位数を表す)

【病院療養病床（介護予防）短期入所療養介護（Ⅰ）(ⅴ)
（多床室）（療養機能強化型A）（看護6：1、介護4：1）】

	改定前	改定後
要支援1	614	626
要支援2	769	784
要介護1	831	849
要介護2	939	960
要介護3	1,173	1,199
要介護4	1,272	1,300
要介護5	1,361	1,391

【病院療養病床（介護予防）短期入所療養介護（Ⅰ）(ⅵ)
（多床室）（療養機能強化型B）（看護6：1、介護4：1）】

	改定前	改定後
要支援1	602	614
要支援2	757	772
要介護1	819	837
要介護2	926	946
要介護3	1,156	1,181
要介護4	1,253	1,280
要介護5	1,341	1,370

9. 居宅療養管理指導 (※数字は1回あたりの単位数を表す)
【医師が行う場合】

(1) 居宅療養管理指導（Ⅰ） （Ⅱ以外の場合に算定）		
	改定前	改定後
単一建物居住者が1人	509	514
単一建物居住者が2～9人	485	486
単一建物居住者が10人以上	444	445

(2) 居宅療養管理指導（Ⅱ） （在宅時医学総合管理料等を算定する 利用者を対象とする場合に算定）		
	改定前	改定後
単一建物居住者が1人	295	298
単一建物居住者が2～9人	285	286
単一建物居住者が10人以上	261	259

【歯科医師が行う場合】

	改定前	改定後
単一建物居住者が1人	509	516
単一建物居住者が2～9人	485	486
単一建物居住者が10人以上	444	440

【薬剤師が行う場合】

(1) 病院または診療所の薬剤師		
	改定前	改定後
単一建物居住者が1人	560	565
単一建物居住者が2～9人	415	416
単一建物居住者が10人以上	379	379

(2) 薬局の薬剤師		
	改定前	改定後
単一建物居住者が1人	509	517
単一建物居住者が2～9人	377	378
単一建物居住者が10人以上	345	341

【管理栄養士が行う場合】

(1) 当該事業所の管理栄養士		
	改定前	改定後
単一建物居住者が1人	539	544
単一建物居住者が2～9人	485	486
単一建物居住者が10人以上	444	443

(2) 当該事業所以外の管理栄養士	
	新設
単一建物居住者が1人	524
単一建物居住者が2～9人	466
単一建物居住者が10人以上	423

【歯科衛生士が行う場合】

	改定前	改定後
単一建物居住者が1人	356	361
単一建物居住者が2～9人	324	325
単一建物居住者が10人以上	296	294

10.特定施設入居者生活介護・地域密着型特定施設入居者生活介護（※数字は1日あたりの単位数を表す）

【特定施設入居者生活介護の場合】

	改定前	改定後
要介護1	536	538
要介護2	602	604
要介護3	671	674
要介護4	735	738
要介護5	804	807

【地域密着型特定施設入居者生活介護の場合】

	改定前	改定後
要介護1	535	542
要介護2	601	609
要介護3	670	679
要介護4	734	744
要介護5	802	813

【介護予防特定施設入居者生活介護の場合】

	改定前	改定後
要支援1	181	182
要支援2	310	311

11. 訪問入浴介護 （※数字は1回あたりの単位数を表す）

	改定前	改定後
介護予防訪問入浴介護	849	852
訪問入浴介護	1,256	1,260

施設サービス

1.介護老人福祉施設・地域密着型介護老人福祉施設入所者生活介護（※数字は1日あたりの単位数を表す）

【介護福祉施設サービス費（従来型個室）】

	改定前	改定後
要介護1	559	573
要介護2	627	641
要介護3	697	712
要介護4	765	780
要介護5	832	847

【ユニット型介護福祉施設サービス費（ユニット型個室）】

	改定前	改定後
要介護1	638	652
要介護2	705	720
要介護3	778	793
要介護4	846	862
要介護5	913	929

【地域密着型介護老人福祉施設入所者生活介護費（従来型個室）】

	改定前	改定後
要介護1	567	582
要介護2	636	651
要介護3	706	722
要介護4	776	792
要介護5	843	860

【ユニット型地域密着型介護老人福祉施設入所者生活介護費（ユニット型個室）】

	改定前	改定後
要介護1	646	661
要介護2	714	730
要介護3	787	803
要介護4	857	874
要介護5	925	942

2.介護老人保健施設（※数字は1日あたりの単位数を表す）
【介護保健施設サービス費（Ⅰ）(iii)（多床室）（基本型）】

	改定前	改定後
要介護1	775	788
要介護2	823	836
要介護3	884	898
要介護4	935	949
要介護5	989	1,003

【介護保健施設サービス費（Ⅰ）(iv)（多床室）（在宅強化型）】

	改定前	改定後
要介護1	822	836
要介護2	896	910
要介護3	959	974
要介護4	1,015	1,030
要介護5	1,070	1,085

【ユニット型介護保健施設サービス費（Ⅰ）(i)（ユニット型）（基本型）】

	改定前	改定後
要介護1	781	796
要介護2	826	841
要介護3	888	903
要介護4	941	956
要介護5	993	1,009

【ユニット型介護保健施設サービス費（Ⅰ）(ii)（ユニット型個室）（在宅強化型）】

	改定前	改定後
要介護1	826	841
要介護2	900	915
要介護3	962	978
要介護4	1,019	1,035
要介護5	1,074	1,090

3-1. 介護医療院 （※数字は1日あたりの単位数を表す）

【Ⅰ型介護医療院サービス費（Ⅰ）(ii)（多床室）】

	改定前	改定後
要介護1	808	825
要介護2	916	934
要介護3	1,151	1,171
要介護4	1,250	1,271
要介護5	1,340	1,362

【Ⅱ型介護医療院サービス費（Ⅰ）(ii)（多床室）】

	改定前	改定後
要介護1	762	779
要介護2	857	875
要介護3	1,062	1,082
要介護4	1,150	1,170
要介護5	1,228	1,249

【ユニット型Ⅰ型介護医療院サービス費（Ⅰ）(i)（ユニット型個室）】

	改定前	改定後
要介護1	825	842
要介護2	933	951
要介護3	1,168	1,188
要介護4	1,267	1,288
要介護5	1,357	1,379

【ユニット型Ⅱ型介護医療院サービス費（Ⅰ）(i)（ユニット型個室）】

	改定前	改定後
要介護1	824	841
要介護2	924	942
要介護3	1,142	1,162
要介護4	1,234	1,255
要介護5	1,318	1,340

3-2. 介護療養型医療施設 （※数字は1日あたりの単位数を表す）

【療養型介護療養施設サービス費（Ⅰ）(iv)（多床室）（療養機能強化型A）（看護6:1、介護4:1）】

	改定前	改定後
要介護1	783	717
要介護2	891	815
要介護3	1,126	1,026
要介護4	1,225	1,117
要介護5	1,315	1,198

【療養型介護療養施設サービス費（Ⅰ）(iv)（多床室）（療養機能強化型B）（看護6:1、介護4:1）】

	改定前	改定後
要介護1	770	705
要介護2	878	803
要介護3	1,108	1,010
要介護4	1,206	1,099
要介護5	1,295	1,180

【ユニット型療養型介護療養施設サービス費（Ⅱ）（ユニット型個室）（療養機能強化型A）】

	改定前	改定後
要介護1	800	732
要介護2	908	830
要介護3	1,143	1,042
要介護4	1,242	1,132
要介護5	1,332	1,213

【ユニット型療養型介護療養施設サービス費（Ⅱ）（ユニット型個室）（療養機能強化型B）】

	改定前	改定後
要介護1	790	723
要介護2	896	819
要介護3	1,128	1,028
要介護4	1,225	1,117
要介護5	1,314	1,197

地域密着型サービス

1. 小規模多機能型居宅介護（※数字は単位数を表す）

【同一建物に居住する者以外の者に対して行う場合】（1月あたり）

	改定前	改定後
要支援1	3,418	3,438
要支援2	6,908	6,948
要介護1	10,364	10,423
要介護2	15,232	15,318
要介護3	22,157	22,283
要介護4	24,454	24,593
要介護5	26,964	27,117

【同一建物に居住する者に対して行う場合】（1月あたり）

	改定前	改定後
要支援1	3,080	3,098
要支援2	6,224	6,260
要介護1	9,338	9,391
要介護2	13,724	13,802
要介護3	19,963	20,076
要介護4	22,033	22,158
要介護5	24,295	24,433

【短期利用の場合】（1日あたり）

	改定前	改定後
要支援1	421	423
要支援2	526	529
要介護1	567	570
要介護2	634	638
要介護3	703	707
要介護4	770	774
要介護5	835	840

2. 看護小規模多機能型居宅介護（※数字は単位数を表す）

【看護小規模多機能型居宅介護費】（1月につき）
① 同一建物に居住する者以外の者に対して行う場合

	改定前	改定後
要介護1	12,401	12,438
要介護2	17,352	17,403
要介護3	24,392	24,464
要介護4	27,665	27,747
要介護5	31,293	31,386

② 同一建物に居住する者に対して行う場合

	改定前	改定後
要介護1	11,173	11,206
要介護2	15,634	15,680
要介護3	21,977	22,042
要介護4	24,926	25,000
要介護5	28,195	28,278

【短期利用居宅介護費】（1日につき）

	改定前	改定後
要介護1	568	570
要介護2	635	637
要介護3	703	705
要介護4	770	772
要介護5	836	838

3. 定期巡回・随時対応型訪問介護看護
（※数字は1月あたりの単位数を表す）

【一体型事業所】（訪問看護なし）

	改定前	改定後
要介護1	5,680	5,697
要介護2	10,138	10,168
要介護3	16,833	16,833
要介護4	21,293	21,357
要介護5	25,752	25,829

【一体型事業所】（訪問看護あり）

	改定前	改定後
要介護1	8,287	8,312
要介護2	12,946	12,985
要介護3	19,762	19,821
要介護4	24,361	24,434
要介護5	29,512	29,601

【連携型事業所】（訪問看護なし）

	改定前	改定後
要介護1	5,680	5,697
要介護2	10,138	10,168
要介護3	16,833	16,883
要介護4	21,293	21,357
要介護5	25,752	25,829

4. 認知症対応型共同生活介護
（※数字は1日あたりの単位数を表す）

【入居の場合】
・1ユニットの場合

	改定前	改定後
要支援2	757	760
要介護1	761	764
要介護2	797	800
要介護3	820	823
要介護4	837	840
要介護5	854	858

・2ユニット以上の場合

	改定前	改定後
要支援2	745	748
要介護1	749	752
要介護2	784	787
要介護3	808	811
要介護4	824	827
要介護5	840	844

【短期利用の場合】
・1ユニットの場合

	改定前	改定後
要支援2	785	788
要介護1	789	792
要介護2	825	828
要介護3	849	853
要介護4	865	869
要介護5	882	886

・2ユニット以上の場合

	改定前	改定後
要支援2	773	776
要介護1	777	780
要介護2	813	816
要介護3	837	840
要介護4	853	857
要介護5	869	873

5. 認知症対応型通所介護
（※数字は単位数を表す／いずれも7時間以上8時間未満の場合）

【単独型】

	改定前	改定後
要支援1	856	859
要支援2	956	959
要介護1	989	992
要介護2	1,097	1,100
要介護3	1,204	1,208
要介護4	1,312	1,316
要介護5	1,420	1,424

【併設型】

	改定前	改定後
要支援1	769	771
要支援2	859	862
要介護1	889	892
要介護2	984	987
要介護3	1,081	1,084
要介護4	1,177	1,181
要介護5	1,272	1,276

【共用型】

	改定前	改定後
要支援1	482	483
要支援2	510	512
要介護1	520	522
要介護2	539	541
要介護3	557	559
要介護4	575	577
要介護5	595	597

6. 夜間対応型訪問介護
夜間対応型訪問介護（Ⅰ）【定額】＋【出来高】
【定額】

基本夜間対応型訪問介護費（オペレーションサービス部分）	
改定前　1,013 単位／月	改定後　1,025 単位／月

【出来高】

定期巡回サービス費（訪問サービス部分）	
改定前　379 単位／回	改定後　386 単位／回
随時訪問サービス費（Ⅰ）（訪問サービス部分）	
改定前　578 単位／回	改定後　588 単位／回
随時訪問サービス費（Ⅱ）（訪問サービス部分）	
改定前　778 単位／回	改定後　792 単位／回

夜間対応型訪問介護（Ⅱ）
【包括報酬】

改定前　2,751 単位／月	改定後　2,800 単位／回

7. 療養通所介護
（※数字は単位数を表す）

療養通所介護費	
改定前（1日につき）	改定後（1月につき）
3時間以上6時間未満 1,012	3時間以上6時間未満 12,691
6時間以上8時間未満 1,519	

新設・廃止・改定等

認知症専門ケア加算の訪問サービスへの拡充

訪問介護　　訪問入浴介護　　夜間対応型訪問介護
定期巡回・随時対応型訪問介護看護

認知症専門ケア加算（Ⅰ）　３単位／日【新設】

認知症専門ケア加算（Ⅱ）　４単位／日【新設】

※定期巡回・随時対応型訪問介護看護、夜間対応型訪問介護（Ⅱ）については、認知症専門ケア
　加算（Ⅰ）90単位／月、認知症専門ケア加算（Ⅱ）120単位／月。

算定要件：

※既存の他サービスの認知症専門ケア加算と同様の要件。

▶認知症専門ケア加算（Ⅰ）

●認知症高齢者の日常生活自立度Ⅲ以上の者が利用者の100分の50以上。

●認知症介護実践リーダー研修修了者を認知症高齢者の日常生活自立度Ⅲ
　以上の者が20名未満の場合は１名以上、20名以上の場合は１に、当該
　対象者の数が19を超えて10または端数を増すごとに１を加えて得た数
　以上配置し、専門的な認知症ケアを実施。

●当該事業所の従業員に対して、認知症ケアに関する留意事項の伝達または
　技術的指導に係る会議を定期的に開催。

▶認知症専門ケア加算（Ⅱ）

●認知症専門ケア加算（Ⅰ）の要件を満たし、かつ、認知症介護指導者養成
　研修修了者を１名以上配置し、事業所全体の認知症ケアの指導等を実施。

●介護、看護職員ごとの認知症ケアに関する研修計画を作成し、実施また
　は実施を予定。

◉ 多機能系サービスにおける認知症行動・心理症状緊急対応加算の創設

小規模多機能型居宅介護　　**看護小規模多機能型居宅介護**

認知症行動・心理症状緊急対応加算　200単位／日【新設】

算定要件：

※既存の短期入所系・施設系サービスの認知症行動・心理症状緊急対応加算と同様の要件。

●医師が、認知症の行動・心理症状が認められるため、在宅での生活が困難であり、緊急に短期利用居宅介護を利用することが適当であると判断した者に対し、サービスを行った場合は、利用を開始した日から起算して7日間を限度として、1日につき200単位を所定単位数に加算。

◉ 施設系サービス、居住系サービスにおける看取りへの対応の充実

介護老人福祉施設　　**介護老人保健施設**　　**介護付きホーム**

認知症グループホーム

死亡日以前31日〜45日以下【新設】

　特養：72単位／日

　老健：80単位／日

　介護付きホーム：72単位／日

　認知症グループホーム：72単位／日

介護付きホーム

【特定】看取り介護加算（Ⅱ）【新設】

　死亡日以前31日〜45日以下：572単位／日

　同4〜30日以下：644単位／日

　同2日または3日：1,180単位／日

　死亡日：1,780単位／日

◉ 訪問介護における看取りへの対応の充実

訪問看護

　それぞれの所要時間を合算して報酬を算定。

例：それぞれ身体介護を25分提供→合算して50分提供したものとして報

酬を算定するため、30分以上1時間未満の396単位を算定。【現行】
所要時間を合算せずにそれぞれの所定単位数を算定。

例：それぞれ身体介護を25分提供→合算せずにそれぞれ25分提供した
ものとして報酬を算定するため、250単位×2回＝500単位を算定。
【通知改正】

※1　通院等のための乗車または降車の介助が中心である場合を除く。
※2　頻回の訪問として、提供する20分未満の身体介護中心型の単位を算定する際の例外あり。

● 短期入所療養介護における医学的管理の評価の充実

短期入所療養介護（介護老人保健施設が提供する場合に限る）

総合医学管理加算　275単位／日【新設】
※1回の短期入所につき7日に限る。

算定要件：
● 治療管理を目的とした利用者に対して、診療方針を定め、投薬、検査、注射、処置等を行い、利用者の主治の医師に対して、利用者の同意を得て、診療状況を示す文書を添えて必要な情報の提供を行うこと。

● 老健施設の医療ニーズへの対応強化

介護老人保健施設

【所定疾患施設療養費の見直し】
● 算定要件において、検査の実施を明確化する。

※当該検査については、協力医療機関等と連携して行った検査を含むこととする。

● 所定疾患施設療養費（Ⅱ）の算定日数を「連続する10日まで」に延長する。

1月に1回、連続する7日を限度として算定【現行】

⇩

1月に1回、連続する10日を限度として算定【改定】

● 対象疾患について、肺炎、尿路感染症、帯状疱疹に加えて、「蜂窩織炎」を追加する。

※業務負担軽減の観点から、算定にあたり、診療内容等の給付費明細書の摘要欄への記載は求めないこととする。

【かかりつけ医連携薬剤調整加算の見直し】

● 入所時および退所時におけるかかりつけ医との連携を前提としつつ、当該連携に係る取り組みと、かかりつけ医と共同して減薬に至った場合を区分して評価する。また、CHASE へのデータ提出とフィードバックの活用による PDCA サイクルの推進・ケアの向上を図ることを新たに評価する。

かかりつけ医連携薬剤調整加算 125 単位【現行】

（退所時に 1 回に限り算定可能）

かかりつけ医連携薬剤調整加算（Ⅰ）100 単位【新設】

（入所時・退所時におけるかかりつけ医との連携への評価）

かかりつけ医連携薬剤調整加算（Ⅱ）240 単位【新設】

（Ⅰに加えて、CHASE を活用した PDCA サイクルの推進への上乗せの評価）

かかりつけ医連携薬剤調整加算（Ⅲ）100 単位【新設】

（Ⅱに加えて、減薬に至った場合の上乗せの評価）

◉ 長期入院患者の介護医療院での受け入れ推進

介護医療院

長期療養生活移行加算　60 単位 / 日【新設】

※入所した日から 90 日間に限り算定可能。

算定要件：

● 入所者が療養病床に 1 年間以上入院していた患者であること。

● 入所にあたり、入所者および家族等に生活施設としての取り組みについて説明を行うこと。

● 入所者および家族等と地域住民等との交流が可能となるよう、地域の行事や活動等に積極的に関与していること。

◉ 介護療養型医療施設の円滑な移行

介護療養型医療施設

移行計画未提出減算　10% / 日減算【新設】

算定要件：

- 厚生労働省が示す様式を用いて、令和6年4月1日までの移行計画を 半年ごとに許可権者に提出することを求める。これを満たさない場合、基本報酬から所定単位数を減算。

※最初の提出期限は令和3年9月30日とし、以後、半年後を次の 提出期限とする。
※減算期間は、次の提出期限までとする。

◆ 通院等乗降介助の見直し

訪問介護

- 通院等乗降介助について、目的地が複数ある場合であっても、居宅が始点または終点となる場合には、その間の病院等から病院等への移送や、通所系サービス・短期入所系サービスの事業所から病院等への移送といった目的地間の移送に係る乗降介助に関しても、同一の事業所が行うことを条件に、算定可能とする。【通知改正】

◆ 訪問入浴介助の充実

訪問入浴介護

初回加算　200単位／月【新設】
※初回の訪問入浴介護を実施した日の属する月に算定。

算定要件：

- 訪問入浴介護事業所において、新規利用者の居宅を訪問し、訪問入浴介護の利用に関する調整を行った上で、利用者に対して、初回の訪問入浴介護を行うこと。

▶清拭または部分浴を実施した場合

30％／回を減算【現行】 ⇒ 10％／回を減算【改定】

算定要件：
※現行と同様。

- 訪問時の利用者の心身の状況等から全身入浴が困難な場合であって、当該利用者の希望により清拭または部分浴（洗髪、陰部、足部等の洗浄をいう）を実施したとき。

● 訪問看護の充実

訪問看護

【退院当日の訪問看護】

● 利用者のニーズに対応し在宅での療養環境を早期に整える観点から、退院・退所当日の訪問看護について、現行の特別管理加算の対象に該当する者に加えて、主治の医師が必要と認める場合は算定を可能とする。**【通知改正】**

【看護体制強化加算の見直し】

● 看護体制強化加算について、医療ニーズのある要介護者等の在宅療養を支える環境を整える観点や訪問看護の機能強化を図る観点から、以下の見直しを行う。**【告示改正】**

算定要件：

● 算定日が属する月の前6月間において、利用者の総数のうち、特別管理加算を算定した利用者の占める割合が、100分の30以上 **【現行】**

　　　　　⇩

100分の20以上 **【改定】**

● （介護予防）訪問看護の提供に当たる従業者の総数に占める看護職員の割合が6割以上であること **【新設】**

※2年の経過措置期間を設ける。また、令和5年3月31日時点で看護体制強化加算を算定している事業所であって、急な看護職員の退職等により看護職員6割以上の要件を満たせなくなった場合においては、指定権者に定期的に採用計画を提出することで、採用がなされるまでの間は同要件の適用を猶予する。

※算定月の前6月間における利用者総数のうち、緊急時訪問看護加算を算定した割合が50％以上の要件（Ⅰ・Ⅱ共通）および算定月の前12月間にターミナルケア加算を算定した利用者数の要件（Ⅰ：5人以上、Ⅱ：1人以上）は変更なし。

看護体制強化加算（Ⅰ）　　600単位／月 **【現行】** ⇒ 550単位／月 **【改定】**

看護体制強化加算（Ⅱ）　　300単位／月 **【現行】** ⇒ 200単位／月 **【改定】**

（介護予防訪問看護）

看護体制強化加算　　　　　300単位／月 **【現行】** ⇒ 100単位／月 **【改定】**

● 緊急時の宿泊対応の充実

認知症グループホーム

● 利用者の状況や家族等の事情により介護支援専門員が緊急に利用が必要と認めた場合等を要件とする定員を超えての短期利用の受入れ（緊急時短期利用）について、地域における認知症ケアの拠点として在宅高齢者の緊急時の宿泊ニーズを受け止めることができるようにする観点から、以下の要件の見直しを行う。

〔人数〕1事業所1名まで【現行】

1ユニット1名まで【改定】

〔日数〕7日以内【現行】

7日以内を原則として、利用者家族の疾病等やむを得ない事情がある場合には14日以内【改定】

〔部屋〕個室【現行】

「おおむね7.43m²/人でプライバシーの確保に配慮した個室的なしつらえ」が確保される場合には、個室以外も認める【改定】

短期入所療養介護

● 緊急短期入所受入加算について、以下の要件の見直しを行う。

〔日数〕7日以内【現行】

7日以内を原則として、利用者家族の疾病等やむを得ない事情がある場合には14日以内【改定】

小規模多機能型居宅介護　　看護小規模多機能型居宅介護

● 事業所の登録定員に空きがあること等を要件とする登録者以外の短期利用（短期利用居宅介護費）について、登録者のサービス提供に支障がないことを前提に、宿泊室に空きがある場合には算定可能とする。

個室ユニットの定員上限の明確化

短期入所系サービス　施設系サービス

●個室ユニット型施設について、ケアの質を維持しつつ、人材確保や職員定着を目指し、ユニットケアを推進する観点から、1ユニットの定員について、以下の見直しを行う。

おおむね10人以下としなければならない【現行】

⇓

原則としておおむね10人以下とし、15人を超えないものとする【改定】

※当分の間、現行の入居定員を超えるユニットを整備する場合は、ユニット型施設における夜間および深夜を含めた介護職員および看護職員の配置の実態を勘案して職員を配置するよう努めるものとする。

※ユニット型個室的多床室については、感染症やプライバシーに配慮し、個室化を進める観点から、新たに設置することを禁止する。【省令改正】

 特定事業所加算の見直し

居宅介護支援

特定事業所加算（Ⅰ）　500単位／月【現行】

⇓

特定事業所加算（Ⅰ）　505単位／月【改定】

特定事業所加算（Ⅱ）　400単位／月【現行】

⇓

特定事業所加算（Ⅱ）　407単位／月【改定】

特定事業所加算（Ⅲ）　300単位／月【現行】

⇓

特定事業所加算（Ⅲ）309単位／月【改定】

特定事業所加算（A）　100単位／月【新設】

※特定事業所加算（Ⅳ）は特定事業所加算から切り離して「特定事業所医療介護連携加算」とする。

算定要件：

▶特定事業所加算（A）

※加算Ⅰ・Ⅱ・Ⅲと異なる部分。

●介護支援専門員の配置（要件2）：常勤1名以上、非常勤1名以上（非常

勤は他事業との兼務可）。

● 連絡体制・相談体制確保（要件４）、研修実施（要件６）、実務研修への協力（要件 11）、事例検討会等実施（要件 12）：他の事業所との連携による対応を可とする。

※加算Ⅰ・Ⅱ・Ⅲ・Ａの要件として、必要に応じて、多様な主体等が提供する生活支援のサービス（インフォーマルサービスを含む）が包括的に提供されるような居宅サービス計画を作成していることを新たに求める。【新設】

 事務の効率化による逓減制の緩和

居宅介護支援

ICT を活用するなど一定の条件を満たした場合、逓減制の適用を 45 件以上とする。

例：介護支援専門員１人当たり取り扱い件数（要介護３・４・５の場合）

	【現行】		【改定：ICT を活用する場合】	
居宅介護支援費Ⅰ	39 件まで	1,373 単位 ⇒	44 件まで	1,398 単位
居宅介護支援費Ⅱ	40〜59 件まで	686 単位 ⇒	45〜59 件まで	677 単位
居宅介護支援費Ⅲ	60 件以上	411 単位 ⇒	60 件以上	406 単位

 医療機関との情報連携強化

居宅介護支援

通院時情報連携加算　50 単位／月【新設】

※利用者１人につき、１月に１回の算定を限度とする。

算定要件：

● 利用者が医師の診察を受ける際に同席し、医師等に利用者の心身の状況や生活環境等の必要な情報提供を行い、医師等から利用者に関する必要な情報提供を受けた上で、居宅サービス計画（ケアプラン）に記録した場合。

 介護予防支援の充実

介護予防支援

委託連携加算　300 単位／月【新設】

※利用者1人につき指定居宅介護支援事業所に委託する初回に限り、所定単位数を算定。

◉ 離島や中山間地域におけるサービスの充実

夜間対応型訪問介護　**認知症対応型通所介護**

小規模多機能型居宅介護　**看護小規模多機能型居宅介護**

▶特別地域加算

所定単位数に 15/100 を乗じた単位数【告示改正】

算定要件：

別に厚生労働大臣が定める地域（※1）に所在する事業所が、サービス提供を行った場合。

▶中山間地域等における小規模事業所加算

所定単位数に 10/100 を乗じた単位数【告示改正】

算定要件：

別に厚生労働大臣が定める地域（※2）に所在する事業所が、サービス提供を行った場合。

▶中山間地域等に居住する者へのサービス提供加算

所定単位数に 5/100 を乗じた単位数【告示改正】

算定要件：

別に厚生労働大臣が定める地域（※3）に居住する利用者に対し、通常の事業の実施地域を越えて、サービス提供を行った場合。

※1：①離島振興対策実施地域、②奄美群島、③振興山村、④小笠原諸島、⑤沖縄の離島、⑥豪雪地帯、特別豪雪地帯、辺地、過疎地域等であって、人口密度が希薄、交通が不便等の理由によりサービスの確保が著しく困難な地域。

※2：①豪雪地帯および特別豪雪地帯、②辺地、③半島振興対策実施地域、④特定農山村、⑤過疎地域。

※3：①離島振興対策実施地域、②奄美群島、③豪雪地帯および特別豪雪地帯、④辺地、⑤振興山村、⑥小笠原諸島、⑦半島振興対策実施地域、⑧特定農山村地域、⑨過疎地域、⑩沖縄の離島。

◉ 地域の特性に応じた認知症グループホームの確保

認知症グループホーム

[ユニット数の弾力化]

原則1または2、地域の実情により事業所の効率的運営に必要と認められる

場合は3【現行】 ⇒ 1以上3以下【改定】

[サテライト型事業所の創設]

[基準]

※本体事業所と異なる主なもの。

● 本体事業所との兼務等により、代表者、管理者を配置しないことが可。

● 介護支援専門員ではない認知症介護実践者研修を修了した者を計画作成担当者として配置することが可。

● サテライト型事業所のユニット数は、本体事業所のユニット数を上回らず、かつ、本体事業所のユニット数との合計が最大4まで。

 過疎地域等への対応（地方分権提案）

小規模多機能型居宅介護　　**看護小規模多機能型居宅介護**

[基準]

登録定員および利用定員を超えてサービス提供はできない。【現行】

⇓

登録定員および利用定員を超えてサービス提供はできない。

ただし、過疎地域その他これに類する地域において、地域の実情により効率的運営に必要であると市町村が認めた場合は（※1）、一定の期間（※2）に限り、登録定員および利用定員を超えてサービス提供ができる。（追加）【改定】

[報酬]

登録者数が登録定員を超える場合、翌月から、定員超過が解消される月まで、利用者全員30％／月を減算する。【現行】

⇓

上記ただし書きの場合、市町村が認めた時から、一定の期間（※2）に限り、減算しない。（追加）【改定】

※1：人員・設備基準を満たすこと。

※2：市町村が登録定員の超過を認めた時から介護保険事業計画期間終了までの最大3年間を基本とする。ただし、介護保険事業計画の見直しごとに、市町村が将来のサービス需要の見込みを踏まえて改めて検討し、代替サービスを新規整備するよりも既存の事業所を活用した方が効率的であると認めた場合に限り、次の介護保険事業計画期間の終期まで延長を可能とすること。

小規模多機能型居宅介護

登録定員、利用定員が「従うべき基準」となっている。【現行】

⇓

登録定員および利用定員について、「従うべき基準」から「標準基準」に見直す。【改定】

 計画作成や多職種間会議でのリハ、口腔、栄養専門職の関与の明確化

訪問リハビリテーション　通所系サービス　短期入所系サービス
多機能系サービス　居住系サービス　施設系サービス

　加算等の算定要件とされている計画作成や会議について、リハ専門職、管理栄養士、歯科衛生士が必要に応じて参加することを明確化する。【通知改正】

※このほか、リハビリテーション・機能訓練、口腔、栄養に関する各種計画書（リハビリテーション計画書、栄養ケア計画書、口腔機能向上サービスの管理指導計画・実施記録）について、重複する記載項目を整理するとともに、それぞれの実施計画を一体的に記入できる様式も作成。

 退院退所直後のリハの充実

訪問リハビリテーション　介護予防訪問リハビリテーション

　週6回を限度とする訪問リハについて、退院・退所直後のリハの充実を図る観点から、退院・退所日から3月以内は週12回まで算定可能とする。【通知改正】

 通所介護や特養等における外部のリハ専門職等との連携による介護の推進

通所介護　地域密着型通所介護　認知症対応型通所介護
短期入所生活介護　特定施設入居者生活介護
地域密着型特定施設入居者生活介護　認知症グループホーム
介護老人福祉施設　地域密着型介護老人福祉施設
生活機能向上連携加算　200単位／月【現行】

⇓

生活機能向上連携加算（Ⅰ）　100単位／月【新設】※3月に1回を限度。
生活機能向上連携加算（Ⅱ）　200単位／月　※現行と同じ。

※（Ⅰ）と（Ⅱ）の併算定は不可。

算定要件：

※訪問介護等の加算と同様。

▶生活機能向上連携加算（Ⅰ）

● 訪問・通所リハビリテーションを実施している事業所またはリハビリテーションを実施している医療提供施設（病院にあっては許可病床数が200床未満のもの、または当該病院を中心とした半径4キロメートル以内に診療所が存在しない場合に限る）の理学療法士等や医師からの助言（アセスメント・カンファレンス）を受けることができる体制を構築し、助言を受けた上で、機能訓練指導員等が生活機能の向上を目的とした個別機能訓練計画を作成等すること。

● 理学療法士等や医師は、通所リハビリテーション等のサービス提供の場またはICTを活用した動画等により、利用者の状態を把握した上で、助言を行うこと。

◉ リハビリテーションマネジメントの強化

訪問リハビリテーション

リハビリテーションマネジメント加算（Ⅰ）　230単位／月【現行】

廃止【改定】

リハビリテーションマネジメント加算（Ⅱ）　280単位／月【現行】

リハビリテーションマネジメント加算（A）イ 180単位／月【改定】
リハビリテーションマネジメント加算（A）ロ 213単位／月【新設】

リハビリテーションマネジメント加算（Ⅲ）　320単位／月【現行】

リハビリテーションマネジメント加算（B）イ 450単位／月【改定】
リハビリテーションマネジメント加算（B）ロ 483単位／月【改定】

リハビリテーションマネジメント加算（Ⅳ）　420単位／月【現行】

廃止（加算（B）ロに組み替え）【改定】

算定要件：

▶リハビリテーションマネジメント加算（A）イ

※現行のリハビリテーションマネジメント加算（Ⅱ）と同様。

①医師はリハビリテーションの実施にあたり、詳細な指示を行うこと。さらに医師の指示内容を記録すること。

②リハビリテーション会議（テレビ会議可【新設】）を開催して、利用者の状況等を構成員と共有し、会議内容を記録すること。

③3月に1回以上、リハビリテーション介護を開催し、利用者の状態の変化に応じ、リハビリテーション計画書を見直すこと。

④PT、OTまたはSTが、介護支援専門員に対し、利用者の有する能力、自立のために必要な支援方法および日常生活上の留意点に関する情報提供を行うこと。

⑤PT、OTまたはSTが（指定居宅サービスの従業者と）利用者の居宅を訪問し、その家族（当該従業者）に対し、介護の工夫に関する指導および日常生活上の留意点に関する助言を行うこと。

⑥リハビリテーション計画について、計画作成に関与したPT、OTまたはSTが説明し、同意を得るとともに、医師へ報告すること。

⑦上記に適合することを確認し、記録すること。

▶リハビリテーションマネジメント加算（A）ロ

●加算（A）イの要件に適合すること。

●利用者毎の訪問リハビリテーション計画書等の内容等の情報を厚生労働省に提出し、リハビリテーションの提供に当たって、当該情報その他リハビリテーションの適切かつ有効な実施のために必要な情報を活用していること（CHASE・VISITへのデータ提出とフィードバックの活用）。

▶リハビリテーションマネジメント加算（B）イ

※現行のリハビリテーションマネジメント加算（Ⅲ）と同様。

●加算（A）イの①〜⑤の要件に適合すること。

●リハビリテーション計画について、医師が利用者または家族に対して説明し、同意を得ること。

●上記に適合することを確認し、記録すること。

▶リハビリテーションマネジメント加算（B）ロ

※現行のリハビリテーションマネジメント加算（Ⅳ）と同様。

- 加算（B）イの要件に適合すること。
- 利用者毎の訪問リハビリテーション計画書等の内容等の情報を厚生労働省に提出し、リハビリテーションの提供に当たって、当該情報その他リハビリテーションの適切かつ有効な実施のために必要な情報を活用していること（CHASE・VISITへのデータ提出とフィードバックの活用）。

※ CHASE・VISIT への入力負担の軽減やフィードバックにより適するデータを優先的に収集する観点から、リハビリテーション計画書の項目について、データ提供する場合の必須項目と任意項目を設定。【通知改正】

通所リハビリテーション

リハビリテーションマネジメント加算（Ⅰ)330 単位／月【現行】

廃止【改定】

リハビリテーションマネジメント加算（Ⅱ）　【現行】
同意日の属する月から6月以内　　　　　850 単位／月【現行】
同意日の属する月から6月超　　　　　　530 単位／月【現行】

リハビリテーションマネジメント加算（A）イ【改定】
同意日の属する月から6月以内　　　　　560 単位／月【改定】
同意日の属する月から6月超　　　　　　240 単位／月【改定】
リハビリテーションマネジメント加算（A）ロ【新設】
同意日の属する月から6月以内　　　　　593 単位／月【改定】
同意日の属する月から6月超　　　　　　273 単位／月【改定】

リハビリテーションマネジメント加算（Ⅲ）【現行】
同意日の属する月から6月以内　　　　1,120 単位／月【現行】
同意日の属する月から6月超　　　　　　800 単位／月【現行】

リハビリテーションマネジメント加算（B）イ【改定】
同意日の属する月から6月以内　　　　　830 単位／月【改定】
同意日の属する月から6月超　　　　　　510 単位／月【改定】
リハビリテーションマネジメント加算（B）ロ【改定】
同意日の属する月から6月以内　　　　　863 単位／月【改定】
同意日の属する月から6月超　　　　　　543 単位／月【改定】

リハビリテーションマネジメント加算（Ⅳ）【現行】

同意日の属する月から6月以内　　　　　　1,220単位／月

同意日の属する月から6月超　　　　　　　 900単位／月

（3月に1回を限度）

⇓

廃止（加算（B）ロに組み替え）【改定】

算定要件：

訪問リハビリテーションと同じ。

介護老人保健施設　　**介護医療院**

【老健】リハビリテーションマネジメント計画書情報加算　　33単位／月【新設】

【医療院】理学療法、作業療法および言語聴覚療法に係る加算　　33単位／月【新設】

算定要件：

●医師、理学療法士、作業療法士、言語聴覚士等が協働し、リハビリテーション実施計画を入所者またはその家族に説明し、継続的にリハビリテーションの質を管理していること。

●入所者ごとのリハビリテーション計画書の内容等の情報を厚生労働省に提出し、リハビリテーションの提供に当たって、当該情報その他リハビリテーションの適切かつ有効な実施のために必要な情報を活用していること（CHASE・VISITへのデータ提出とフィードバックの活用）。

 通所介護における機能訓練や入浴介助の取り組みの強化

通所介護　　**地域密着型通所介護**

個別機能訓練加算（Ⅰ）　46単位／日【現行】

個別機能訓練加算（Ⅱ）　56単位／日【現行】※併算定が可能

⇓

個別機能訓練加算（Ⅰ）イ　56単位／日【改定】

個別機能訓練加算（Ⅰ）ロ　85単位／日【改定】

※イとロは併算定不可。

個別機能訓練加算（Ⅱ）　20単位／月【新設】

※加算（Ⅰ）に上乗せして算定。

算定要件：

▶**個別機能訓練加算（Ⅰ）イ・ロ**

●**ニーズ把握・情報収集**：通所介護・地域密着型通所介護事業所の機能訓練指導員等が、利用者の居宅を訪問し、ニーズを把握するとともに、居宅での生活状況を確認。

●**機能訓練指導員の配置**：（Ⅰ）イ　専従１名以上配置（配置時間の定めなし）

　　　　　　　　　　　　　　（Ⅰ）ロ　専従１名以上配置（サービス提供時間帯通じて配置）

※人員欠如減算・定員超過減算を算定している場合は、個別機能訓練加算を算定しない。
※イは運営基準上配置を求めている機能訓練指導員により満たすこととして差し支えない。ロはイに加えて専従で１名以上配置する。

●**計画作成**：居宅訪問で把握したニーズと居宅での生活状況を参考に、多職種共同でアセスメントを行い、個別機能訓練計画を作成。

●**機能訓練項目**：利用者の心身の状況に応じて、身体機能および生活機能の向上を目的とする機能訓練項目を柔軟に設定。訓練項目は複数種類準備し、その選択に当たっては利用者の生活意欲が増進されるよう利用者を援助する。

●**訓練の対象者**：５人程度以下の小集団または個別

●**訓練の実施者**：機能訓練指導員が直接実施（介護職員等が訓練の補助を行うことは妨げない）。

●**進捗状況の評価**：３カ月に１回以上実施し、利用者の居宅を訪問した上で、居宅での生活状況を確認するとともに、当該利用者またはその家族に対して個別機能訓練計画の進捗状況等を説明し、必要に応じて個別機能訓練計画の見直し等を行う。

▶**個別機能訓練加算（Ⅱ）**

加算（Ⅰ）に加えて、個別機能訓練計画等の内容を厚生労働省に提出し、フィードバックを受けていること（CHASE へのデータ提出とフィードバックの活用）。

通所介護　　**地域密着型通所介護**　　**認知症対応型通所介護**

※通所リハビリテーションと同様の改定。

入浴介助加算　50単位／日【現行】

⇓

入浴介助加算（Ⅰ）　40 単位／日【改定】

入浴介助加算（Ⅱ）　55 単位／日【新設】　※（Ⅰ）と（Ⅱ）は併算定不可

算定要件：

▶入浴介助加算（Ⅱ）

※入浴介助加算（Ⅰ）は現行の入浴介助加算と同様。

● 入浴介助を適切に行うことができる人員および設備を有して行われる入浴介助であること。

● 医師、理学療法士、作業療法士、介護福祉士、介護支援専門員等（以下「医師等」という）が利用者の居宅を訪問し、浴室での利用者の動作および浴室の環境を評価していること。この際、利用者の居宅の浴室が、利用者自身または家族等の介助により入浴を行うことが難しい環境にある場合は、訪問した医師等が、介護支援専門員・福祉用具専門相談員と連携し、福祉用具の貸与・購入・住宅改修等の浴室の環境整備に係る助言を行うこと。

● 利用者の居宅を訪問した医師等と連携のもとで、利用者の身体の状況や訪問により把握した利用者の居宅の浴室の環境等を踏まえた個別の入浴計画を作成すること。

● 入浴計画に基づき、個浴その他の利用者の居宅の状況に近い環境にて、入浴介助を行うこと。

 介護保険施設における口腔衛生の管理や栄養ケア・マネジメントの強化

施設系サービス

［基準］

運営基準（省令）に以下を規定する。（※3年の経過措置期間を設ける）

● 入所者の口腔の健康の保持を図り、自立した日常生活を営むことができるよう、口腔衛生の管理体制を整備し、各入所者の状態に応じた口腔衛生の管理を計画的に行うこと。【新設】

● 入所者の栄養状態の維持および改善を図り、自立した日常生活を営むことができるよう、各入所者の状態に応じた栄養管理を計画的に行うこと。【新設】

● 栄養士を1以上配置【現行】 ⇒ 栄養士または管理栄養士を1以上配置【改定】

【報酬】

口腔衛生管理体制加算　30 単位／月【現行】

廃止【改定】

栄養マネジメント加算　14 単位／日【現行】

廃止【改定】

栄養ケア・マネジメントの未実施　14 単位／日減算（※3年の経過措置期間を設ける）

なし【現行】

栄養マネジメント強化加算　11 単位／日【新設】

低栄養リスク改善加算　300 単位／月【現行】

廃止【改定】

算定要件：

▶栄養マネジメント強化加算

● 管理栄養士を常勤換算方式で入所者の数を 50（施設に常勤栄養士を 1 人以上配置し、給食管理を行っている場合は 70）で除して得た数以上配置すること。

● 低栄養状態のリスクが高い入所者に対し、医師、管理栄養士、看護師等が共同して作成した栄養ケア計画に従い、食事の観察（ミールラウンド）を週 3 回以上行い、入所者ごとの栄養状態、嗜好等を踏まえた食事の調整等を実施すること。

　入所者が、退所する場合において、管理栄養士が退所後の食事に関する相談支援を行うこと。

● 低栄養状態のリスクが低い入所者にも、食事の際に変化を把握し、問題がある場合は、早期に対応すること。

● 入所者ごとの栄養状態等の情報を厚生労働省に提出し、継続的な栄養管理の実施に当たって、当該情報その他継続的な栄養管理の適切かつ有効な実施のために必要な情報を活用していること（CHASE へのデータ提出とフィードバックの活用）。

通所介護等における口腔衛生管理や栄養ケアマネジメントの強化

通所系サービス　**多機能系サービス**　**居住系サービス**

栄養スクリーニング加算　5単位／回【現行】※6月に1回算定可

⇓

口腔・栄養スクリーニング加算（Ⅰ）　20単位／回【新設】

口腔・栄養スクリーニング加算（Ⅱ）　5単位／回【新設】

算定要件：

加算（Ⅰ）は①および②に、加算（Ⅱ）は①または②に適合すること。（加算（Ⅱ）は併算定の関係で加算（Ⅰ）が取得できない場合に限り取得可能）。

①当該事業所の従業者が、利用開始時および利用中6月ごとに利用者の口腔の健康状態について確認を行い、当該利用者の口腔の健康状態に関する情報を当該利用者を担当する介護支援専門員に提供していること。

②当該事業所の従業者が、利用開始時および利用中6月ごとに利用者の栄養状態について確認を行い、当該利用者の栄養状態に関する情報（当該利用者が低栄養状態の場合にあっては、低栄養状態の改善に必要な情報を含む）を当該利用者を担当する介護支援専門員に提供していること。

通所系サービス　**看護小規模多機能型居宅介護**

栄養改善加算　150単位／回【現行】（※1月に2回を限度）

⇓

栄養アセスメント加算　50単位／月【新設】

栄養改善加算　200単位／回【改定】

※看護小規模多機能型居宅介護を対象に加える

算定要件：

▶栄養アセスメント加算

※口腔・栄養スクリーニング加算（Ⅰ）および栄養改善加算との併算定は不可。

●当該事業所の従業者としてまたは外部との連携により管理栄養士を1名以上配置していること。

●利用者ごとに、管理栄養士、看護職員、介護職員、生活相談員その他の職種の者が共同して栄養アセスメントを実施し、当該利用者またはその家族に対してその結果を説明し、相談等に必要に応じ対応すること。

- 利用者ごとの栄養状態等の情報を厚生労働省に提出し、栄養管理の実施に当たって、当該情報その他栄養管理の適切かつ有効な実施のために必要な情報を活用していること（CHASEへのデータ提出とフィードバックの活用）。

▶栄養改善加算（追加要件）

　栄養改善サービスの提供に当たって、必要に応じ居宅を訪問することを新たに求める。

認知症グループホーム

栄養管理体制加算 30 単位／月【新設】

算定要件：

- 管理栄養士（外部との連携含む）が、日常的な栄養ケアに係る介護職員への技術的助言や指導を行うこと。

● CHASE・VISIT 情報の収集・活用と PDCA サイクルの推進

施設系サービス（介護療養型医療施設を除く）　通所系サービス
多機能系サービス　居住系サービス

[施設系サービス]

科学的介護推進体制加算（Ⅰ）　40 単位／月【新設】

科学的介護推進体制加算（Ⅱ）　60 単位／月【新設】

※加算（Ⅱ）について、服薬情報の提供を求めない特養・地密特養については、50 単位／月。

[通所系・多機能系・居住系サービス]

科学的介護推進体制加算　40 単位／月【新設】

算定要件：

イ　入所者・利用者ごとの心身の状況等（加算（Ⅱ）については心身、疾病の状況等）の基本的な情報を、厚生労働省に提出していること。

ロ　サービスの提供に当たって、イに規定する情報その他サービスを適切かつ有効に提供するために必要な情報を活用していること。

⦿ ADL 維持等加算の拡充

通所介護　　地域密着型通所介護　　認知症対応型通所介護

特定施設入居者生活介護　　地域密着型特定施設入居者生活介護

介護老人福祉施設　　地域密着型介護老人福祉施設

ADL 維持等加算（Ⅰ）　　3単位／月【現行】

⇩

ADL 維持等加算（Ⅰ）　30 単位／月【拡充】

ADL 維持等加算（Ⅱ）　　6単位／月【現行】

⇩

ADL 維持等加算（Ⅱ）　60 単位／月【拡充】

※加算（Ⅰ）（Ⅱ）は併算不可。

算定要件：

▶ ADL 維持等加算（Ⅰ）

イ　利用者（当該事業所の評価対象利用期間が6月を超える者）の総数が10人以上であること。

ロ　利用者全員について、利用開始月と、当該月の翌月から起算して6月目（6月目にサービスの利用がない場合はサービスの利用があった最終月）において、Barthel Index を適切に評価できる者が ADL 値を測定し、測定した日が属する月ごとに厚生労働省に提出していること（CHASE へのデータ提出とフィードバックの活用）。

ハ　利用開始月の翌月から起算して6月目の月に測定した ADL 値から利用開始月に測定した ADL 値を控除して得た値に、初月の ADL 値や要介護認定の状況等に応じて一定の値を加えた ADL 利得（調整済 ADL 利得）の上位および下位それぞれ1割の者を除く評価対象利用者の ADL 利得を平均して得た値が、1以上であること。

▶ ADL 維持等加算（Ⅱ）

●加算（Ⅰ）のイとロの要件を満たすこと。

●評価対象利用者の ADL 利得を平均して得た値（加算（Ⅰ）のハと同様に算出した値）が2以上であること。

【算定要件の見直し（概要）】

●5時間以上の通所介護費の算定回数が5時間未満の算定回数を上回る利用

者の総数が20名以上【現行】⇒ 利用者の総数が10名以上（緩和）【改定】

● 評価対象利用期間の初月において要介護度が3以上である利用者が15%以上【現行】⇒ 廃止【改定】

● 評価対象利用期間の初月の時点で初回の要介護・要支援認定があった月から起算して12月以内の者が15%以下【現行】⇒ 廃止【改定】

● 評価対象利用期間の初月と6月目にADL値（Barthel Index）を測定し、報告されている者が90%以上【現行】⇒ 評価可能な者は原則全員報告【改定】

● ADL利得が上位85%の者について、各々のADL利得を合計したものが、0以上【現行】⇒ 初月のADL値や要介護認定の状況等に応じて調整式で得られた利用者の調整済ADL利得が、一定の値以上（一）。 CHASEを用いて利用者のADLの情報を提出し、フィードバックを受ける【改定】

● 介護老人保健施設における在宅復帰・在宅療養支援機能の評価の充実

介護老人福祉施設 ※6月の経過措置期間を設ける。

在宅復帰・在宅療養等評価指標について、以下の見直しを行う。

● 居宅サービス実施数に係る指標において、訪問リハビリテーションの比重を高くする。

● リハビリテーション専門職配置割合に係る指標において、理学療法士、作業療法士および言語聴覚士の3職種の配置を評価する。

● 基本型以上についてリハビリテーションマネジメントの実施要件が求められているが、医師の詳細な指示に基づくリハビリテーションに関する事項を明確化する。

算定要件（リハビリテーションマネジメント）：

a：入所者の心身の諸機能の維持回復を図り、日常生活の自立を助けるため、理学療法、作業療法その他必要なリハビリテーションを計画的に行い、適宜その評価を行っていること。

b：医師は、リハビリテーションの実施にあたり、理学療法士、作業療法士または言語聴覚士に対し、リハビリテーションの目的に加えて、リハビリテーション開始前または実施中の留意事項、中止基準、リハビリテーションにおける入所者に対する負荷量等のうちいずれか1つ以上の指示を行うこと。**（追加）**

● 施設での日中生活支援の評価

介護老人福祉施設　　地域密着型介護老人福祉施設

介護老人保健施設　　介護医療院

自立支援促進加算　300 単位／月【新設】

算定要件：

イ　医師が入所者ごとに、自立支援のために特に必要な医学的評価を入所時に行うとともに、少なくとも6月に1回、医学的評価の見直しを行い、自立支援に 係る支援計画等の策定等に参加していること。

ロ　イの医学的評価の結果、特に自立支援のために対応が必要であるとされた者毎に、医師、看護師、介護職員、介護支援専門員、その他の職種の者が共同し て自立支援に係る支援計画を策定し、支援計画に従ったケアを実施していること。

ハ　イの医学的評価に基づき、少なくとも3月に1回、入所者ごとに支援計画を見直していること。

ニ　イの医学的評価の結果等の情報を厚生労働省に提出し、当該情報その他自立支援促進の適切かつ有効な実施のために必要な情報を活用していること（CHASE へのデータ提出とフィードバックの活用）。

● 褥瘡マネジメント、排せつ支援の強化

介護老人福祉施設　　地域密着型介護老人福祉施設　　介護老人保健施設

介護医療院　　看護小規模多機能型居宅介護

▶褥瘡マネジメント加算

※看護小規模多機能型居宅介護を対象に加える。

褥瘡マネジメント加算　　　　10 単位／月【現行】

※3月に1回を限度とする。

褥瘡マネジメント加算（Ⅰ）　3 単位／月【新設】

褥瘡マネジメント加算（Ⅱ）13 単位／月【新設】

※（Ⅰ）（Ⅱ）は併算不可（毎月の算定が可能）。

算定要件：

▶褥瘡マネジメント加算（Ⅰ）

イ　入所者等ごとに褥瘡の発生と関連のあるリスクについて、施設入所時等に評価するとともに、少なくとも３月に１回、評価を行い、その評価結果等を厚生労働省に提出し、褥瘡管理の実施に当たって当該情報等を活用していること（CHASE へのデータ提出とフィードバックの活用）。

ロ　イの評価の結果、褥瘡が発生するリスクがあるとされた入所者等ごとに、医師、看護師、介護職員、管理栄養士、介護支援専門員等が共同して、褥瘡管理に関する褥瘡ケア計画を作成していること。

ハ　入所者等ごとの褥瘡ケア計画に従い褥瘡管理を実施するとともに、その管理の内容や入所者等の状態について定期的に記録していること。

ニ　イの評価に基づき、少なくとも３月に１回、入所者等ごとに褥瘡ケア計画を見直していること。

▶褥瘡マネジメント加算（Ⅱ）

　加算（Ⅰ）の要件に加えて、施設入所時等の評価の結果、褥瘡が発生するリスクがあるとされた入所者等について、褥瘡の発生のないこと。

▶排せつ支援加算

※看護小規模多機能型居宅介護を対象に加える。

排せつ支援加算　　　100 単位／月【現行】

※６月を限度とする。

排せつ支援加算（Ⅰ）　10 単位／月【新設】

排せつ支援加算（Ⅱ）　15 単位／月【新設】

排せつ支援加算（Ⅲ）　20 単位／月【新設】

※（Ⅰ）～（Ⅲ）は併算不可（６月を超えて算定が可能）。

算定要件：

▶排せつ支援加算（Ⅰ）

イ　排せつに介護を要する入所者等ごとに、要介護状態の軽減の見込みについて、医師または医師と連携した看護師が施設入所時等に評価するとともに、少なくとも６月に１回、評価を行い、その評価結果等を厚生労働省に提出し、排せつ支援に当たって当該情報等を活用していること（CHASE へのデータ提出とフィードバックの活用）。

ロ　イの評価の結果、適切な対応を行うことにより、要介護状態の軽減が見込まれる者について、医師、看護師、介護支援専門員等が共同して、排せつに介護を要する原因を分析し、それに基づいた支援計画を作成し、当該支援計画に基づく支援を継続して実施していること。

ハ　イの評価に基づき、少なくとも3月に1回、入所者等ごとに支援計画を見直していること。

▶排せつ支援加算（Ⅱ）

　加算（Ⅰ）の要件に加えて、施設入所時等の評価の結果、要介護状態の軽減が見込まれる者について、施設入所時等と比較して、排尿・排便の状態の少なくとも一方が改善するとともにいずれにも悪化がない、または、おむつ使用ありから使用なしに改善していること。

▶排せつ支援加算（Ⅲ）

　加算（Ⅰ）の要件に加えて、施設入所時等の評価の結果、要介護状態の軽減が見込まれる者について、施設入所時等と比較して、排尿・排便の状態の少なくとも一方が改善するとともにいずれにも悪化がない、かつ、おむつ使用ありから使用なしに改善していること。

◉ サービス提供体制強化加算における介護福祉士が多い職場の評価の充実

サービス提供体制強化加算対象サービス

● 各サービス（訪問看護および訪問リハビリテーションを除く）について、より介護福祉士の割合が高い、または勤続年数が10年以上の介護福祉士の割合が一定以上の事業者を評価する新たな区分を設ける（加算Ⅰ：新たな最上位区分）。

※施設系サービスおよび介護付きホームについては、サービスの質の向上につながる取り組みの1つ以上の実施を算定要件として求める。

● 定期巡回・随時対応型訪問介護看護、通所系サービス、短期入所系サービス、多機能系サービス、居住系サービス、施設系サービスについて、勤続年数要件について、より長い勤続年数の設定に見直すとともに、介護福祉士割合要件の下位区分、常勤職員割合要件による区分、勤続年数要件による区分を統合し、いずれかを満たすことを求める新たな区分を設定する（加算Ⅲ：改正前の加算Ⅰロ、加算Ⅱ、加算Ⅲ相当）。

- 夜間対応型訪問介護および訪問入浴介護について、他のサービスと同様に、介護福祉士の割合に係る要件に加えて、勤続年数が一定期間以上の職員の割合に係る要件を設定し、いずれかを満たすことを求める（加算Ⅲ）。
- 訪問看護および訪問リハビリテーションについて、現行の勤続年数要件の区分に加えて、より長い勤続年数で設定した要件による新たな区分を設ける。

※改正前の最上位区分である加算Ⅰイ（介護福祉士割合要件）は加算Ⅱとして設定（単位数の変更なし）。

訪問介護

特定事業所加算（Ⅴ）所定単位数の３％／回を加算【新設】

算定要件：

[体制要件] ※特定事業所加算（Ⅰ）～（Ⅲ）と同様。

- 訪問介護員等ごとに作成された研修計画に基づく研修の実施
- 利用者に関する情報またはサービス提供に当たっての留意事項の伝達等を目的とした会議の定期的な開催
- 利用者情報の文書等による伝達、訪問介護員等からの報告・健康診断等の定期的な実施・緊急時等における対応方法の明示

[人材要件]

- 訪問介護員等の総数のうち、勤続年数７年以上の者の占める割合が30％以上であること。

※加算（Ⅴ）は、加算（Ⅲ）（重度者対応要件による加算）との併算定が可能であるが、加算（Ⅰ）、（Ⅱ）、（Ⅳ）（人材要件が含まれる加算）との併算定は不可。

● 人員配置基準における両立支援への配慮

全サービス

- 「常勤」の計算に当たり、職員が育児・介護休業法による育児の短時間勤務制度を利用する場合に加えて、介護の短時間勤務制度等を利用する場合にも、週30時間以上の勤務で「常勤」として扱うことを認める。
- 「常勤換算方法」の計算に当たり、職員が育児・介護休業法による短時間勤務制度等を利用する場合、週30時間以上の勤務で常勤換算での計算上

も1（常勤）と扱うことを認める。

● 人員配置基準や報酬算定において「常勤」での配置が求められる職員が、産前産後休業や育児・介護休業等を取得した場合に、同等の資質を有する複数の非常勤職員を常勤換算することで、人員配置基準を満たすことを認める。

　この場合において、常勤職員の割合を要件とするサービス提供体制強化加算等の加算について、産前産後休業や育児・介護休業等を取得した当該職員についても常勤職員の割合に含めることを認める。

◉ ハラスメント対策の強化

全サービス

　運営基準（省令）において、事業者が必要な措置を講じなければならないことを規定。**【省令改正】**

【基準】※訪問介護の例

　指定訪問介護事業者は、適切な指定訪問介護の提供を確保する観点から、職場において行われる性的な言動または優越的な関係を背景とした言動であって業務上必要かつ相当な範囲を超えたものにより訪問介護員等の就業環境が害されることを防止するための方針の明確化等の必要な措置を講じなければならない。**【新設】**

※併せて、留意事項通知において、カスタマーハラスメント防止のための方針の明確化等の必要な措置を講じることも推奨する。

◉ 会議や他職種連携におけるICTの活用

全サービス

● 利用者等が参加せず、医療・介護の関係者のみで実施するものについて、「医療・介護関係事業者における個人情報の適切な取り扱いのためのガイダンス」および「医療情報システムの安全管理に関するガイドライン」等を参考にして、テレビ電話等を活用しての実施を認める。

● 利用者等が参加して実施するものについて、上記に加えて、利用者等の同意を得た上で、テレビ電話等を活用しての実施を認める。

※利用者の居宅を訪問しての実施が求められるものを除く。

◉ 特養の併設の場合の兼務等の緩和

施設系サービス

従来型とユニット型を併設する場合において、入所者の処遇に支障がない場合、介護・看護職員の兼務を可能とする。

介護老人福祉施設　　介護老人保健施設　　小規模多機能型居宅介護

広域型特別養護老人ホームまたは介護老人保健施設と小規模多機能型居宅介護事業所を併設する場合において、入所者の処遇や事業所の管理上支障がない場合、管理者・介護職員の兼務を可能とする。

地域密着型介護老人福祉施設入所者生活介護

● サテライト型居住施設において、本体施設が特別養護老人ホーム・地域密着型特別養護老人ホームである場合に、本体施設の生活相談員により当該サテライト型居住施設の入所者の処遇が適切に行われていると認められるときは、生活相談員を置かないことを可能とする。

● 地域密着型特別養護老人ホーム（サテライト型居住施設を除く）において、他の社会福祉施設等との連携を図ることにより当該地域密着型特別養護老人ホームの効果的な運営を期待することができる場合であって、入所者の処遇に支障がないときは、栄養士を置かないことを可能とする。

※入所者の処遇や職員の負担に配慮する観点から、食事、健康管理、衛生管理、生活相談等における役務の提供や設備の供与が入所者の身体的、精神的特性を配慮して適切に行われること、労働関係法令に基づき、職員の休憩時間や有給休暇等が適切に確保されていることなどの留意点を明示。

◉ 3ユニットの認知症グループホームの夜勤職員体制の緩和

認知症グループホーム

［基準］

1ユニットごとに1人【現行】 ⇒ 1ユニットごとに1人【改定】

・1ユニット：1人夜勤　　　・1ユニット：1人夜勤

・2ユニット：2人夜勤　　　・2ユニット：2人夜勤

・3ユニット：3人夜勤　　　・3ユニット：3人夜勤

　ただし、利用者の安全確保や職員の負担にも留意しつつ、人材の有効活用を図る観点から、3ユニットの場合であって、各ユニットが同一階に隣接しており、職員が円滑に利用者の状況把握を行い、速やかな対応が可能な構造で、安全対策（マニュアルの策定、訓練の実施）をとっていることを要件に、例外的に夜勤2人以上の配置に緩和できることとし、事業所が夜勤職員体制を選択することを可能とする。**【追加】**

［報酬］

なし**【現行】**⇒ 3ユニット、かつ、夜勤職員を2人以上3人未満に緩和する場合別途の報酬を設定**【新設】**

◎ 外部評価に係る運営推進介護の活用

　認知症グループホームの「第三者による外部評価」について、自己評価を運営推進会議に報告し、評価を受けた上で公表する仕組みを制度的に位置付け、当該仕組みと既存の外部評価によるいずれかから受けることとする。**【省令改正】**

◎ 署名・押印の見直し、電磁的記録による保存等

全サービス

● 利用者等への説明・同意について、電磁的な対応を原則認める。署名・押印を求めないことが可能であることや代替手段を明示する。**【省令改正】**
● 諸記録の保存・交付等について、電磁的な対応を原則認める。**【省令改正】**

◎ 運営規定の掲示の柔軟化

全サービス

　運営規程等の重要事項の掲示について、事業所の掲示だけでなく、閲覧可能な形でファイル等で備え置くこと等を可能とする。**【省令改正】**

区分支給限度基準額の計算方法の一部見直し

通所系サービス **多機能系サービス**

訪問系サービスの同一建物減算に関する取り扱いを参考に、以下の対応を行う。

[同一建物減算等]

● 通所系サービス、多機能系サービスの、同一建物減算等の適用を受ける利用者の区分支給限度基準額の管理については、当該減算を受ける者と受けない者との公平性の観点から、減算の適用前（同一建物に居住する者以外の者に対して行う場合）の単位数を用いることとする。

[規模別の基本報酬]

● 通所介護、通所リハビリテーションの、大規模型を利用する者の区分支給限度基準額の管理については、通常規模型を利用する者との公平性の観点から、通常規模型の単位数を用いることとする。

 訪問看護のリハの評価・知恵協回数等の見直し

訪問看護 **介護予防訪問看護**

【報酬】

▶**訪問看護**

理学療法士、作業療法士または言語聴覚士による訪問

297 単位／回【**現行**】

⇓

293 単位／回【**改定**】

▶**介護予防訪問看護**

理学療法士、作業療法士または言語聴覚士による訪問

287 単位／回【**現行**】

⇓

283 単位／回【**改定**】

理学療法士等が1日に1回につき2回を超えて指定介護予防訪問看護を行った場合

1回につき 100 分の 90 に相当する単位数を算定【**現行**】

⇓

1回につき100分の50に相当する単位数を算定【改定】

理学療法士等が利用開始日の属する月から12月超の利用者に指定介護予防訪問看護を行った場合は、1回につき5単位を減算する【新設】

算定要件：

● 理学療法士等が行う訪問看護については、その実施した内容を訪問看護報告書に添付することとする。

● 対象者の範囲について、理学療法士等が行う訪問看護については、訪問リハビリテーションと同様に「通所リハのみでは家屋内におけるADLの自立が困難である場合」を追加する。

 長期間利用の介護容貌リハの評価の見直し

介護予防訪問リハビリテーション

利用開始日の属する月から12月超5単位／回減算【新設】

介護予防通所リハビリテーション

利用開始日の属する月から12月超　　要支援1の場合20単位／月減算【新設】

要支援2の場合40単位／月減算【新設】

 介護療養型医療施設の基本報酬の見直し

介護療養型医療施設

例：基本報酬（療養型介護療養施設サービス費）（多床室、看護6:1・介護4:1、療養機能強化型Aの場合）

要介護4　1,225単位／日【現行】　⇒　1,117単位／日【改定】

要介護5　1,315単位／日【現行】　⇒　1,198単位／日【改定】

 療養通所介護の月額報酬化

療養通所介護

3時間以上6時間未満／回　1,012単位【現行】

6時間以上8時間未満／回　1,519単位【現行】

12,691 単位／月【改定】

※入浴介助を行わない場合は、所定単位数の95/100、サービス提供量が過少（月4回以下）の場合は、70/100を算定。【改定】
※個別送迎体制強化加算および入浴介助体制強化加算は廃止。

介護保険施設におけるリスクマネジメントの強化

施設系サービス

【基準】【省令改正】

事故の発生または再発を防止するため、以下の措置を講じなければならない。

【現行】 イ　事故発生防止のための指針の整備

ロ　事故が発生した場合等における報告と、その分析を通じた改善策を従業者に周知徹底する体制の整備

ハ　事故発生防止のための委員会および従業者に対する研修の定期的な実施

【改定】 イ〜ハ（変更なし）

ニ　イからハの措置を適切に実施するための担当者設置（追加）

※6月の経過措置期間を設ける。

【報酬】【告示改正】

安全管理体制未実施減算5単位／日【新設】

※6月の経過措置期間を設ける。

算定要件：

運営基準における事故の発生または再発を防止するための措置が講じられていない場合。

安全対策体制加算20単位【新設】

※入所時に1回に限り算定可能。

算定要件：

外部の研修を受けた担当者が配置され、施設内に安全対策部門を設置し、組織的に安全対策を実施する体制が整備されていること。

※将来的な事故報告の標準化による情報蓄積と有効活用等の検討に資するため、国で報告様式を
作成し周知する。

 高齢者虐待防止の推進

全サービス

　すべての介護サービス事業者を対象に、利用者の人権の擁護、虐待の防止
等の観点から、虐待の発生・再発を防止するための委員会の開催、指針の整
備、研修の実施、担当者を定めることを義務づける。**【省令改正】**

※3年の経過措置期間を設ける。

 基準費用額（食費）の見直し

施設系サービス　　**短期入所系サービス**

基準費用額（食費）　1,392円／日**【現行】**

$\Downarrow$

1,445円／日（＋53円）**【改定】**

※令和3年8月施行。

2時間でわかる介護保険改正 2021（令和3）年度改定版
－ケアマネジャー・訪問看護師必携

2021年4月20日発行　第1版第1刷ⓒ

編　著　一般社団法人
　　　　日本ケアマネジメント学会
　　　　認定ケアマネジャーの会

発行者　長谷川 翔
発行所　株式会社メディカ出版
　　　　〒532-8588
　　　　大阪市淀川区宮原3－4－30
　　　　ニッセイ新大阪ビル16F
　　　　https://www.medica.co.jp/

編集担当　佐藤いくよ
編集協力　利根川智恵
本文デザイン　スタジオ・バード
装　幀　塩貝 徹
イラスト　小佐野 咲
印刷・製本　日経印刷株式会社

ISBN978-4-8404-7558-7　　　　　　　　　　　　　　　Printed and bound in Japan

当社出版物に関する各種お問い合わせ先（受付時間：平日9：00〜17：00）
●編集内容については、編集局 06-6398-5048
●ご注文・不良品（乱丁・落丁）については、お客様センター 0120-276-591
●付属のCD-ROM、DVD、ダウンロードの動作不具合などについては、デジタル助っ人サービス 0120-276-592